기꺼이
오늘을 살다

기꺼이

오늘을 살다

가토 다이조 지음
이영미 옮김

삶의 무게에 짓눌리지 않고
나를 지켜내는 심리학

🌱 나무생각

머리말

사람은 누구나 자신감 있게 살고 싶어 한다. 그러나 많은 사람들이 자신감을 얻지 못한 채 열등감과 시기심을 안고 살아간다. 그로 인해 마음이 비뚤어지거나 무기력한 상태가 된다. 혹은 자신감 없는 것을 감추기 위해 지나치게 허세를 부리거나 주위 사람들을 비난하고 세상의 가치를 부정하기도 한다.

자신감은 누구나 원하지만 얻기 힘들다. 역설적이게도 사람들은 자신감을 원하면서 고통스럽거나 힘겨운 일은 피한다. 예를 들어 '무거운 인생의 짐'이라는 말을 들었을 때, "가능하면 그것에서 도망치고 싶다."라고 느끼는 사람이 있다. 그런 사람에게 "당신은 자신감을 얻고 싶습니까?"라고 물으면, 보나마나 "그렇다."라고 대답할 게 뻔하다. 그러나 그것은 무리한 욕심이다.

일하기는 싫지만 월급은 받고 싶다고 해본들 그런 요구를 들어주는 회사는 없다. 폭음과 폭식을 하면서 건강하고 싶다고 말해도 소용없다.

'인생의 짐'이라는 말을 들었을 때 불편함을 느끼지 않는다면, 심리적으로 안정된 사람일 것이다. 자신감 있고 남을 원망하지 않는 사람일 게 분명하다. 즐겁고 활기차게 살아가는 사람일 게 틀림없다.

인생의 짐이라는 말을 어떻게 느끼든, 저마다의 인생에는 무거운 짐들이 따라오게 마련이다. '짐'이라고 하면 부정적이고 부담스럽게 받아들일 수도 있으나, 나는 살면서 우리가 마땅히 짊어져야 할 임무이자 책임, 그리고 도전이라고 생각한다. 단, 내 짐을 져야 한다. 감당 못 할 남의 짐까지 짊어지고 가려다가는 주저앉을 수도 있다.

나는 자신에게 주어진 인생의 짐을 기꺼이 짊어지는 태도가 그 사람에게 자신감과 행복을 가져다준다고 믿는다. 대충대충 살아가는 인생에는 남는 것이 없을 뿐만 아니라, 인생 최후의 순간에 고민과 후회만 불러온다.

편안한 인생 같은 건 애당초 없다. 세상에 태어난 이상, 기꺼이 자신의 짐을 짊어져야 한다. 그리고 바로 그런 삶의 자세에서 보람과 기쁨도 생겨난다.

삶에서 가치를 발견하는 것은 자기 스스로의 짐을 기꺼이 짊어졌을 때다. 인생의 짐을 짊어지지 않는다는 것은 자기 자신을 받아들이지 않는 사람을 의미한다.

'자아란 무엇인가?'라는 말을 자주 듣는다. '자아가 있다' 혹은 '자아가 없다'는 말을 흔히 하는데, '자아가 있는 사람'이라는 말을 구체적으로 이해하기는 힘들다. 자아는 눈에 보이지도 않고 냄새가 나는 것도 아니다. 하물며 새 울음소리처럼 들을 수 있는 것도 아니다. 그러나 우리는 그것을 체험할 수 있다.

그렇다면 자아가 있다거나 없다는 말은 어떤 의미일까?

사람이 자기 숙명, 즉 인생의 짐을 기꺼이 짊어지려 할 때 비로소 '자아'가 드러난다. 숙명을 짊어진 주체가 바로 자기 자신의 자아이기 때문이다.

자아는 신에게서 받은 선물이며 운명의 수취인이다. 그리고 그 선물에 담긴 메시지를 읽어내는 주체다.

자아가 없는 사람의 심리 상태는 등기 우편물이 왔는데 집에 아무도 없어서 우편물이 다시 돌아가버리는 상태와 다를 바 없다. 집은 있지만 그 안에 사람이 없다. 그것이 자아 부재인 사람의 심리다. 또는 집은 지었지만 아직 번지수가 없는 집과 마찬가지다. 자동차는 샀지만 번호판이 아직 안 붙은 차와 같다.

'자아가 없는 사람'이라는 말은 자기 운명을 불평하고 불만을 품은 사람을 가리킨다. 그는 불평을 늘어놓으며 자기에게 주어진 무게를 어떻게든 피하려 든다.

그러나 운명은 수취인 없는 우편물과는 다르다. 내 것이 아니라며 물리칠 수 없다.

물론 자기 앞으로 온 우편물을 계속 거부하는 사람도 있

다. 그러나 자기 운명을 받아들이지 않으면 심리적·사회적
으로 좌절한다.

　평범하게 성장한 경우, 사람은 나이가 들면서 자기 운명
을 순순히 받아들인다. 그렇게 운명을 받아들이는 것이 '자
아'다. 그리고 우편물 안에 어떤 내용이 적혀 있는지 꼼꼼히
읽고 이해한다.

　흔히 듣는 말로 "그는 잘난 척하며 말하지만, 자아가 없
다."라는 말이 있는데, 이 말은 자기 운명을 받아들이지 않
은 사람이 잘난 척 떠들어대는 상태를 가리킨다.

　'자아가 없는 사람'은 자신의 환경도, 성격도, 능력도 받
아들이지 않는다. 그런 사람은 주위 사람들과도 절대 잘 지
낼 수 없다.

　번호판도 없는 자동차가 이리저리 달리면 사람들은 피
하게 마련이다. 자기 운명을 받아들이지 않은 사람도 마찬
가지다. 제아무리 잘난 척 떠들어도 결국 사회에서 고립될

수밖에 없다.

'무거운 인생의 짐'이라고 하면 그 가짓수가 실로 무수하게 많을 것이다. 크게 두 가지로 나누어보자.

하나는 무책임하게 살아온 결과 짊어질 수밖에 없게 된 짐, 즉 인생의 '청구서'로서의 짐이다. 그리고 다른 하나는 짊어진 사람에게 성취감이나 자신감을 가져다주는 선물 같은 짐이다.

젊은 시절부터 대충대충 살아온 탓에 삶이 점점 힘들어지는 사람도 있을 것이다. 자신을 단련하지 않고 살아온 사람은 인생의 위기를 맞으면 심리적·사회적으로 좌절한다.

"고민은 어제 생긴 게 아니다."

심리학자이자 정신과 의사인 베란 울프W. Beran Wolfe가 한 말이다. 긴 인생 동안 무책임하게 살아온 결과가 축적되어 생긴 것이기 때문에 딱히 어제 생긴 고민이라 할 수 없다.

고민은 인생에 낀 불순물 같은 것이다. 성취감이나 자신감을 안겨주지 않는 이유는 그것이 인생의 불순물이기 때문이다. 따라서 고민에 빠졌을 때는 그 고민에서 자신이 무엇을 배워야 할지를 생각해볼 필요가 있다.

단, 이 책에서는 인생의 불순물인 그런 무거운 짐에 관해 이야기를 하고자 하는 것은 아니다.

좀 더 구체적으로 생각해보자. 인생의 무게라는 게 있다. 그것을 감당하기 힘들어 사이비 종교로 도망치는 사람도 많다. 수행이라는 이름으로 인생의 책임에서 도망치는 셈이다. 하루하루의 생활을 책임 있게 완수해내기보다는 '진리'를 부르짖는 편이 심리적으로는 훨씬 편하다. 하지만 그들은 인생에 대한 자신감을 얻지 못하고 줄곧 도망만 칠 것이다.

반면 인생의 무게를 기꺼이 짊어진 사람의 얼굴에서는 긍지를 볼 수 있다. 제아무리 윤택한 생활을 해도 부모에게만 의지해서 산다면 자기 인생에 긍지를 가질 수 없다. 부모가 사준 고급 승용차를 타고 다닌다면 긍지는 생겨나지 않는다. 가난하게 살더라도 자기 힘으로 일해서 생계를 꾸려 나간다면 자신에 대한, 인생에 대한 긍지를 가질 수 있다.

육체의 짐이라는 것도 있다. 몸이 약하더라도 건강에 세심한 주의를 기울이며 성실하게 살아간다면 긍지를 얻을 수 있다. 살아 있음을 실감할 수 있다. 마음의 안정을 누릴 수 있다.

세상에는 한심하기 이를 데 없는 부모도 있게 마련이다. 그런 부모라도 그 부모를 보살피지 않고 도망치는 자식과 그 부모의 부양을 떠맡는 자식이 있다. 부모가 부모 역할을 제대로 못했으니 자식이 부모를 보살피지 않고 도망치는 것도 나름 이유는 있어 보인다.

부양을 떠맡은 자식은 표면적으로 손해 보는 역할을 떠맡은 것처럼 보인다. 그러나 실제로는 손해 보는 것이 아니다. 그러한 역할을 떠맡음으로써 스스로에게 자신감을 가질 수 있기 때문이다. 인생의 무거운 짐을 짊어진 덕분에 자기가 어떤 커다란 대상과 연결되어 있다는 느낌을 가질 수 있다. 언제나 당당한 사람은 자신의 인생을 기꺼이 받아들인 사람이다.

인생의 무게에서 도망친 사람은 '편한 하루'를 보낼 수 있을지언정 '좋은 인생'이 되지 않을 게 분명하다. 인생에서 도망치면 사람은 어떤 커다란 대상에서 떨어져 나온 듯한 불안감을 갖게 된다. 인생의 짐을 내팽개치고 도망쳤을 때는 대개 가까운 사람을 희생양으로 삼기 때문이다.

기꺼이, 당당하게 살아가는 자세는 곧 자신감으로 돌아온다. 책임을 지며 살아가는 사람은 의젓하고 무게가 있다. 결코 가볍지 않다. 다가온 문제에 맞서 나가는 과정 속에서 그는 행복을 느낀다.

따라서 우리는 인생의 짐을 어떻게 해석하고 어떻게 짊어져야 할지 고민해볼 필요가 있다. 그것을 이 책에서 시도해보자.

당장에는 이득을 본 것처럼 보이는 사람이 마지막에는 비참한 인생의 결말을 맞는다. 손해를 본 것처럼 보이는 사람이 마지막에는 인생의 보람과 자신감을 손에 넣는다.

저절로 고개가 숙여지는 사람을 만날 때가 있다. 그는 제대로 된 생활을 영위해가는 사람이며, 무거운 인생의 짐을 정면으로 떠안고 살아가는 사람이다.

남에게 인생을 의존하면서 제아무리 잘난 척 떠들어본들 그는 한없이 가벼워 보일 뿐이다. 그리고 그런 사람들은 금방 표시가 난다.

잘난 척 떠들어대는 젊은이가 가벼워 보이는 이유는 그에게 주어진 인생의 짐을 짊어지고 살아가지 않기 때문이다. 반대로 잘난 척 떠들지 않아도 왠지 모르게 신뢰감이 느껴지는 사람은 책임감을 갖고 인생의 짐을 떠맡은 사람이다. 무거운 짐을 자기 인생의 몫이라 여기고 확실하게 받아들이는 사람에게 그 짐은 가치를 창출한다.

살아간다는 것 자체가 어떤 의미에서는 인생의 짐이므로 그것에서 완전히 벗어날 수는 없겠지만, 인생의 짐도 시점을 바꾸면 그 빛깔이 달라진다.

사람은 인생의 짐을 짊어짐으로써 자신감을 얻는다. 힘들지만 그것이 보람의 원천이기도 하다. 그러니 생각을 바꾸면 인생의 짐은 그 빛깔이 달라 보이는 것이다.

인간관계 때문에 고민하는 사람도 많다. 그런 경우, 때로는 현재의 인간관계를 바꾸면 살아갈 수 있다. 친구를 바꾸고, 연인을 바꾸고, 교류하는 사람을 바꾸면 살아갈 수 있다. 무겁게만 느껴지는 인생의 무게가 조금은 가벼워지는 방법이다.

지금 당신이 더는 살아갈 수 없을 만큼 괴롭다면 지금의 인간관계를 개선해야 한다. 미국의 심리학자 데이비드 시버리David Seabury가 "더 이상 살 수 없다는 말은 지금의 인간관계로는 살아갈 수 없다는 뜻이다."라고 했는데, 그것이 바로 정답이다.

　지금 당신이 더 이상 살 수 없다고 느낀다면, 현재의 인간관계를 개선해야 한다. 올챙이가 바다로 나가면 살기 힘들어진다. 살아남기 어렵다. 올챙이는 시냇물에서만 살아야 한다. 지금 있는 바다에 집착해선 안 된다. 현재의 인간관계에 집착해선 안 된다.

　오늘 당신에게 주어진 인생을 기꺼이 살아냄으로써 보다 행복한 내일을 맞길 바란다.

가토 다이조

차례

제1장

삶의 무게에 짓눌리지 않는 나만의 내공

제2장
내 인생의 무게, 생각보다 가뿐할지도

제3장
기꺼이 오늘을 살아가는 지혜와 용기

제4장

자신감과 행복을 가져다주는 선물

제1장

삶의 무게에 짓눌리지 않는
나만의 내공

01

마음의 여유가 없으면
남을 배려할 수 없다

마음의 여유가 없는 사람은 다른 사람을 보살필 수 없다.
흔히 "돈은 그렇게 많은데 인정이 없다."라는 말을 하곤 하는데,
그런 사람은 돈이 있어도 다른 사람을 보살피는
'마음의 여유'가 없는 것이다.

젊은 시절 나의 작은아버지는 나를 힘들게 했던 사람 중 한 사람이었다. 그는 성격은 온순했으나 일도 안 하고 술만 마셨다. 나뿐만 아니라 친척들 모두에게 골칫거리였다.

그렇다면 작은아버지는 왜 술에 의존하게 되었을까?

작은아버지는 중의원 선거에서 열네 번이나 당선된 사람이었다. 그러나 그의 관심은 국가와 정치에 가 있을 뿐, 선거운동은 모두 할머니에게 맡겼다. 할머니는 활동적인 성격이어서 선거구 안에서는 신처럼 일컬어졌던 모양이지만 어머니로서는 실격이었다.

작은아버지는 사회적으로 성공한 듯 보였지만 어머니에 대한 애정결핍으로 인해 알코올의존증 환자가 되고 말았다. 집안 친척들은 너 나 할 것 없이 그런 작은아버지를 보살피지 않고 도망쳤다.

이제 와서 도망친 사람들을 비난할 생각은 없다. 작은아버지의 행동에 워낙 문제가 많다 보니 누구라도 도망치고 싶었을 게 당연하다.

작은아버지는 아내도 떠나버리고 홀로 생활하고 있었다. 일도 안 해서 경제적으로는 늘 누군가의 도움을 받아야만 했다. 그러다 술에 취한 채 전차 플랫폼에서 떨어지는 바람에 전차에 치여 다리까지 잃었다.

작은아버지는 열다섯 형제자매 중 아들로는 막내였다. 전체로 보면 열네 번째 자식이었다. 위로 형이나 누나가 많았지만 젊은 시절부터 가족들에게 피해를 줘서 그런지 아무도 작은아버지를 보살피려 하지 않았다. 결국 집안 친척 모두가 적당한 핑계를 대고 작은아버지라는 짐에서 도망쳐버린 셈이다.

나는 몇십 명이나 되는 사촌들 중 끝에서 세 번째였다. 그리고 열셋이나 되는 형제 중 막내였다.

내가 대학을 졸업하는 날 아침이었다.

졸업식 식장으로 가기 전에 작은아버지 일 때문에 여기저기 전화를 걸었던 기억이 난다. 졸업식 날 학교로 가는 길에 공중전화 박스마다 들어가 친척들에게 전화를 걸어 다리가 불편한 작은아버지를 어떻게든 도와야 하지 않겠느냐고 하소연했다.

또 작은아버지를 맡아줄 만한 공공시설과 그 밖의 장소들을 필사적으로 알아보았다. 물론 지금과는 시대가 달라서 휴대전화 같은 건 없는 시대였다. 졸업식에 늦지 않을까 걱정하면서도 공중전화 박스마다 들러 온 힘을 다해 여기저기 전화를 걸었다.

당시 작은아버지가 살던 아파트 집주인이 작은아버지를 쫓아내겠다는 통보를 해왔었다. "이제 그냥 길바닥으로 내몰 테니 그리 알라."며 나에게 전화를 걸어왔다. 오랫동안 집세를 내지 않았으니 아파트 주인이 화를 내는 것도 당연한 일이었다.

자세한 사정은 생략하겠지만, 어쨌거나 그 작은아버지 일로 이리저리 뛰어다닐 때 대학 졸업식이 다가왔다. 나는 혼자 사는 학생이었지만, 쉰 살이 넘은 사촌들도 여러 명이나 있었다. 앞에서도 언급했듯이 작은아버지의 형제자매는 아주 많았다. 그렇지만 하나같이 나 몰라라 했다. 아니 나 몰라라 한 것뿐인가, 지금 작은아버지가 어디에 사는지조차 알려고 하지 않았다.

애초에 아파트 주인이 "그냥 길바닥으로 내몰 테니 그리 알라."며 그 많은 친척 중 말단인 나에게 전화를 걸어온 것 자체가 이상한 일이었다.

그 정도로 친척들 모두가 필사적으로 작은아버지를 보살피는 짐에서 도망치고 싶어 했다. '인생의 짐을 짊어지자'고 말로는 쉽게 하지만, 온갖 현실적인 굴레를 고려해야 하기 때문에 모두가 그렇게 작은아버지라는 짐으로부터 필사적으로 도망쳤을 것이다.

물론 도망친 사람들을 비난할 생각은 없다.

그러나 상식적으로 생각해봐도 50명이 넘는 일가친척 중에 끝에서 세 번째, 게다가 혼자 사는 어린 학생에게 작은아버지를 보살피는 책임이 돌아오는 것은 아무래도 이상한 일임은 틀림없다.

친척 중에는 부자도 많았고, 우량 상장기업의 사장님까지 있었으니 말이다.

다시 말해 그 짐은 당연히 모두가 함께 처리했어야 할 일인데, 친척들이 내팽개친 문제를 나 혼자 처리해야 하는 처지에 내몰리고 만 것이다.

자주 늘 그런 황당한 처지에 몰려왔기 때문에 당시에는 그다지 분개하지도 않았다. 작은아버지를 보살피지 않는 친척들을 비난하기보다는 당장 발등에 떨어진 해결 방법을 찾는 데 열중해 있었다. '왜 하필 나한테 떠넘겨?'라고 원망할 여유조차 없었다.

그러나 생각하기에 따라서는 유명 기업의 사장님보다, 큰 부자보다 혼자 사는 한낱 대학생에게 힘이 있었다는 뜻이기도 하다. 물론 사회적인 힘은 전혀 없었다. 그러나 심리적인 여유는 있었을지도 모른다. 마음의 여유가 없는 사람은 다른 사람을 보살필 수 없기 때문이다.

물론 나 역시 그때까지는 마음의 여유나 인생의 짐을 받아들여야 한다는 것에 대해서는 깨닫지 못했다. 단지 아파트 주인이 무섭게 몰아세워서 막다른 궁지에 몰려서 한 일일 뿐이었다.

흔히 "돈은 그렇게 많은데 인정이 없다."라는 말을 하곤 하는데, 그런 사람은 돈이 있어도 다른 사람을 보살피는 '마음의 여유'가 없는 것이다.

마음에 갈등이 있으면 제아무리 돈이 많아도 자기 일만으로도 힘에 부쳐 허덕인다.

나 역시 그 당시 신경증 경향이 있어서 결코 여유가 있었다고 할 수는 없지만, 그래도 대기업 사장보다는 마음의 여유가 있었을지도 모르겠다.

02

고통을 이겨냈을 때 남는
신의 선물

무슨 일이든 괴롭고 힘든 일들을 오롯이 받아들이고
살아간다면 마지막에는 반드시 커다란 무언가가 남는다.
그것이 바로 신의 선물이다. 신의 선물이란 특별한 재능도
출중한 미모도 아니다. 고통을 참고 견디며 살았을 때 마지막
에 남는 것, 그것이 바로 신이 보내주는 선물이다.

그 시절을 돌아보며 나는 생각한다. 그때 아무 일 없이 행복한 졸업식을 맞은 사람은 수없이 많았을 것이다. 아니 거의 대부분의 학생은 졸업식 날에 졸업식 말고 다른 일에 쫓기지 않았을 것이다.

그렇지만 그로부터 반세기가 지난 지금 그들은 과연 어떨까. 대학 졸업식을 떠올렸을 때 참을 수 없이 그리워지는 어떤 감회가 있을까. "나의 졸업식은 이랬다."라고 내놓을 만한 얘기가 있을까. 아무 일 없이 졸업식에 참가했더라도 그들이 지금까지 모두 행복한 것도 아닐 것이다.

그렇지 못한 예를 내 주위에서 수없이 봐왔다. 자신만만하게 살아온 엘리트 관료가 노이로제에 걸리기도 하고, 성공한 사업가가 우울증에 걸리기도 했다. 개중에는 자살이라는 비극적인 인생의 종말을 맞기도 했다.

인생의 짐이라는 부담 없이 평탄하게 살아온 사람과 무거운 짐을 짊어지고 그 삶의 증거로 훈장을 받은 사람은 과연 어느 쪽이 더 풍요로운 인생일까.

인생의 짐에서 도망치고 자기가 마땅히 짊어져야 할 짐을 남에게 떠넘긴 채, 부석浮石처럼 둥실둥실 흘러가는 인생이라면 기억에 남을 일이 뭐가 있겠는가.

당신이 혹시 능력 없는 부모 밑에 태어났더라도 '왜 나만 이런 험한 꼴을 당해야 하나?'라며 자기 운명을 원망하지 않고, '난 뭔가 대단한 일을 해야 할 운명을 타고났다.'라고 생각하는 순간 그 인생은 달라진다. 그렇게 살아온 사람과 태어난 환경을 원망만 하고 산 사람은 똑같은 환경에서 살더라도 결과가 달라진다.

무슨 일이든 괴롭고 힘든 일들을 오롯이 받아들이고 살아간다면 마지막에는 반드시 커다란 무언가가 남는다.

그것이 바로 신의 선물이다. 신의 선물이란 특별한 재능도 출중한 미모도 아니다. 고통을 참고 견디며 살았을 때 마지막에 남는 것, 그것이 바로 신이 보내주는 선물이다.

아무리 힘들어도 '고맙다, 고맙다' 여기며 노력하면 마지막에는 커다란 무언가가 남는다. 인생의 짐이란 바로 그런 것이다.

약삭빠르게 요리조리 피해 다녀서 마지막에 아무것도 안 남는 인생이 좋은가, 아니면 자기 몫의 짐을 짊어지고 묵묵히 걸어가서 마지막에 커다란 무언가가 남는 인생이 좋은가? 당신은 어느 쪽을 선택하겠는가?

03

자신의 짐을 짊어져야
자신감을 가질 수 있다

혹독한 현실과 정면으로 맞서 싸우기 때문에 비로소
하루하루의 삶에 안심할 수 있는 것이다. 자신의 짐을
짊어짐으로써 비로소 자기가 살아 있다는 증거를 얻는다.
죽는 순간에 '태어나길 잘했다. 난 잘 살았다.'라고 생각할 수
있는 것은 분명 자신의 짐을 기꺼이 진 덕분이다.

브라우닝의 시가 있다.

힘차게 일어서라, 그리고 부담을 우습게 여겨라.
끝없이 배워라, 번민을 두려워 마라.
당당히 맞서라, 고민을 피하지 마라.

자신의 짐을 짊어지지 않고 도망치면 당장은 홀가분할
지라도 점점 불안해진다. 존재의 의미가 흔들리기 때문이
다. 사람은 인생의 다양한 짐을 짊어져야 비로소 자기 존재
를 확실하게 느낄 수 있다.

흔히 "세상에서 단 하나뿐인 나를 알아차려라."라는 말
을 하곤 한다. 그러나 대충대충 안이한 일상을 보내면서 '세

상에 단 하나뿐인 나'라는 자신감을 얻긴 어렵다. 자신의 짐을 짊어져야 비로소 '세상에 단 하나뿐인 나'를 느낄 수 있는 것이다.

혹독한 현실과 정면으로 맞서 싸우며 힘을 키워 자신감을 얻었기에 하루하루의 삶에 안심할 수 있는 것이다. 자신의 짐을 짊어짐으로써 비로소 자기가 살아 있다는 증거를 얻는다.

죽는 순간에 '이 세상에 태어나길 잘했다. 그동안 나는 잘 살았다.'라고 생각할 수 있는 것은 분명 자신의 짐을 기꺼이 진 덕분이다. 자신의 짐에서 도망친 사람은 마지막 순간, '나는 잘 살았다. 잘 해냈다.'라고 느낄 수는 없을 것이다. 자기 인생을 돌아볼 때 '아, 그 시절에는 잘 견뎌냈어.'라고 뿌듯해하는 일은 절대 없을 것이다.

마땅히 짊어져야 할 짐으로부터 도망친 사람은 자기 인생을 돌아보면 텅 비어 있지 않을까. 나이가 들수록 삶이 고뇌로 가득 찬다. 사는 게 점점 더 힘들어진다. 그것은 알 수 없는 외로움이나 공허함, 무료함을 갖게 하고 사람들에 대한 불만과 원망 등의 형태로 드러나기도 한다.

인생의 짐에서 도망치는 것은 끊임없이 빚을 내는 일과

같다. 대충대충 살아가는 안이한 삶의 방식은 나이가 들수록 빚이 늘어나는 것이다.

당장 편하게 살고자 한다면 이자가 아무리 높아도 빚을 내면 된다. 그러나 장기적인 시각으로 보면 이 순간을 즐기는 빚은 고통을 키워가는 일일 뿐이다.

자기 존재가 불확실한 사람은 그러한 마음의 빚을 계속 쌓아온 사람이다. 빚을 갚기 위해 또다시 빚을 내고, 결국은 상환 능력을 넘겨버린 상태가 바로 이런 고뇌의 상태인 셈이다.

고통스럽고 힘들어도 정면으로 맞서야 한다.

나태함에 젖어 마음의 빚 지옥에 빠진 채 "이제 더는 어찌해볼 도리가 없다."고 말하며 후회하는 사람이 얼마나 많은가?

그들은 자기가 해야 할 일을 남에게 미루고 도망쳤다. 연로한 부모 공양을 형제자매에게 떠맡기고 도망쳐버렸다. 아이를 키우는 일도 부모에게 미루고 자기는 편하게 삶을 즐겼다. 가정에서 담당해야 할 교육을 학교나 사회에 떠넘겼다. 자식 교육의 실패를 학교 교육 책임으로 돌리고 학교 선생님을 비난했다.

그러면서도 잘 안 풀리는 일은 모두 사회 탓으로 돌리고, "이 사회가 잘못되었다."라고 부르짖었다. 그리고 나로서는 어쩔 수 없었다며 손을 놓아버린다. 자기에게 이득이 되는 사람만 친구로 삼는다.

그런 뻔뻔하고 무책임한 태도에 대한 청구서를 나이가 들어 받는 사람들이 있다. 그것이 바로 '이제 더는 어찌해볼 도리가 없다.'는 상태를 초래한다.

회사나 친척 모임에서는 '몸이 안 좋다'는 핑계로 자기가 할 일을 남에게 떠넘기고 도망치고 또 도망치고 오로지 도망만 치며 살아간다. 어쨌거나 싫은 일은 모두 피하며 살아간다.

자기가 내야 할 돈도 "지금은 사정이 어려워서."라거나 적당한 핑계를 대고 남이 대신 내게 만든다. 자기가 직접 해야 하는 꺼내기 어려운 말을 남이 대신하게 만들어놓고 도망친다.

그런 일이 있을 때마다 마음속으로 '다행이다. 잘했다.'고 생각한다. '이득을 봤다.'며 혼자 싱글벙글한다. 그러나 사실은 그때마다 마음의 빚을 쌓아온 셈이다. '득을 봤다. 잘했다.'고 생각하지만, 나중에 돌이켜보면 더 큰 손해를 본 것이다.

성실한 사람은 남을 위해 최선을 다한다. 결코 돌려받기를 바라고 하지 않는다. 그렇지만 어느 순간 '이렇게까지 해줬는데 저 사람은 변하지 않는다.'며 가망 없다고 판단될 때 단념해버리기도 한다. 할 만큼 했을 때는 확실하게 마음을 정리할 수 있다.

그러나 약삭빠른 사람은 자기에게 묵묵히 최선을 다해주는 사람을 보며 '잘 풀리는군. 이득을 봤어.'라고 생각한다. 그러나 사실은 바로 그 순간에 성실한 친구는 약삭빠른 사람을 단념한다.

어떤 이는 상대방의 문제를 해결해줄 마음도 없으면서 마치 해결해줄 것 같은 표정을 지으며 '성실하고 좋은 사람'을 연기하며 살아간다. 대단한 일을 하지도 않으면서 자기가 한 일은 굉장한 것인 양 남에게 떠들어댄다.

그런 식으로 어릴 때부터 줄곧 인생의 짐에서 도망만 친 사람들은 결국 어른이 되어 빚 지옥에 빠진다. 빚은 이자에 이자를 더해 감당할 수 없는 상황이 된다. 그런 생활 태도가 나이를 먹은 후에는 고뇌로 돌아온다.

불행은 어느 날 난데없이 찾아오지 않는다. 하루하루 일상생활에서 불행의 씨앗을 심어온 사람은 결국 불행해질 수밖에 없다.

자신감을 가질 수 없는 삶을 살아왔기 때문에 이제 와서 자신감을 원해도 아무 소용이 없다.

04

인생의 짐을 짊어진 사람은
품격이 있다

제아무리 금시계를 차고 다이아몬드 반지를 껴도
인생의 짐에서 도망친 사람의 얼굴은 천해 보인다.
그러나 그와는 반대로 누더기를 걸치고 있어도
품격이 우러나는 사람이 있다.

인생의 짐을 기꺼이 받아들인 사람은 그러한 삶의 모습이 얼굴에 배어 나온다. 흔히 마흔이 넘으면 자기 얼굴에 책임을 져야 한다는 말을 한다. 약삭빠르게 도망만 친 사람 또한 마흔이 넘으면 그 가벼운 삶이 반드시 얼굴에 드러난다.

제아무리 금시계를 차고 다이아몬드 반지를 껴도 인생의 짐에서 도망친 사람의 얼굴은 천해 보인다. 제아무리 권력이 있다 해도 빈상貧相을 면할 수 없다. 그러나 그와는 반대로 누더기를 걸치고 있어도 품격이 우러나는 사람이 있다.

30년간 도둑질을 하면 도둑 얼굴이 나온다고 한다. 약삭빠르게 살아온 사람은 요리조리 도망만 치고 다닌 천한 얼굴이 나온다.

05

불행은 쉽고,
행복은 힘겹다

행복해지는 것이 첫 번째 목적일 때는 결코 행복할 수 없다.
인생의 짐을 짊어지고 힘겹고 어렵게 싸워 나가기 때문에
비로소 행복할 수 있는 것이다.

《행복은 심각한 문제다》라는 책에 "불행은 쉽고, 행복은 힘겹다."라는 내용이 나온다. 나는 그것이 지극히 옳은 말이라고 생각한다. 편한 길만 선택하면 불행해진다. 그리스도가 "멸망으로 가는 길은 크고 넓지만 천국으로 가는 길은 좁고 험하니라."라고 한 말과 같다.

누구나 쉽게 불행해질 수 있다. 그러나 행복해지기 위해서는 인생의 짐을 짊어져야 한다.

1998년 야구 시즌 초기에 야쿠르트(일본의 프로야구 구단)는 패배를 거듭했다. 그때 텔레비전에서 인터뷰하는 노무라 감독의 말이 인상적이었다.

"이기기는 힘들지만 지는 건 간단하다."

그야말로 옳은 말이다. 그 말을 달리 표현하면, '행복해

지기는 힘들지만, 불행해지는 건 간단하다.'고 말할 수 있을 것이다.

앞서 소개한 책의 저자는 행복은 힘겹고 어려운 일을 통해서만 찾아온다고 했다. 그 취지에는 찬성하지만, 나는 행복이라기보다는 '삶의 보람'이나 '자신감'이라고 말하는 게 나을 것 같다.

인생의 짐으로부터 도망치면 자기가 살아온 증거가 사라져버린다.

물론 앞의 저자도 행복은 과정에서 오는 부산물이라고 쓰고 있다. 행복해지는 것이 첫 번째 목적일 때는 결코 행복할 수 없다. 인생의 짐을 짊어지고 힘겹고 어렵게 싸워나가기 때문에 비로소 행복할 수 있는 것이다.

인생의 짐에서 도망치면 지금 당장은 편하다. 눈앞에 닥친 책임을 전가시키고 남을 비난하면 심리적으로는 편할지라도 나중에 오는 청구서는 만만치 않다. 그래서 나이 든 후의 인생이 힘겨워진다.

06

구실을 만들고 도망치면
그 청구서는 반드시 돌아온다

의사를 찾는 사람들 중 70퍼센트는 전환 노이로제 증상을
갖고 있다고 한다. 다시 말해 병을 고치기 위해 병원에 오는
게 아니라, 병이라는 말을 듣기 위해 병원에 온다는 뜻이다.

현실도피 경향이 심해지면 베란 울프가 말한 전환 노이로제가 나타난다. 자기는 몸이 약해서 일할 수 없다거나 몸이 안 좋아서 노부모를 공양할 수 없다며 의무로부터 도망치기 위해 이유를 만들어낸다.

라디오에 출연해 전화로 인생 상담을 하다 보면, 흥미로운 사실을 자주 경험한다. 내가 무슨 조언을 하면 곧바로 "저는 몸이 약해요."라고 말한다. 의무로부터 도망치기 위한 구실이 바로 몸이 약하다는 것이다.

그들은 자기 몸이 약하다는 점을 물고 늘어진다. 그것만 있으면 자기가 짊어져야 할 인생의 짐으로부터 도망칠 수 있기 때문이다.

몸이 약하다는 건 단지 하나의 예일 뿐이다. 늘 고민만

하는 사람은 자기가 마땅히 짊어져야 할 짐으로부터 도망칠 구실을 뭐든 가지고 있다. 그렇기 때문에 인생의 짐에서는 도망쳤을지 모르지만, 그 이상으로 괴로워하고 있다. 또한 그 고통이 열매를 맺을 수 없다.

베란 울프의 말에 따르면, 의사를 찾는 사람들 중 70퍼센트는 바로 이런 전환 노이로제 증상을 갖고 있다고 한다. 다시 말해 병을 고치기 위해 병원에 오는 게 아니라, 병이라는 말을 듣기 위해 병원에 온다는 뜻이다.

병을 고칠 생각은 애당초 없다. 그들에게 병은 귀중한 보물이나 마찬가지다. 그것만 있으면 안심하고 힘겨운 의무로부터 도망칠 수 있다.

노이로제는 아무것도 하지 않으면서 뭔가를 얻으려 할 때 나타나는 증상이라고 베란 울프는 말한다. 그 말을 풀어 보면 다음과 같다.

'노이로제에 걸린 사람은 노력은 하지 않는다. 그런데도 고통받는다.'

이것이 나의 생각이다.

그리고 매일 텔레비전에 나오는 행복한 사람들을 보면서 "저 녀석들은 좋겠다."라고 말한다. 그렇게 남이나 부러

위하는 사람에게는 인생의 짐을 짊어지고 뭔가를 성취해낸 만족감이 없다. 현실을 살아가는 지혜도 없다. 현실과 맞서 싸울 힘도 없다.

어느 날 조간신문에서 한 변호사가 쓴 〈딸의 고민〉이라는 제목의 수필을 본 적이 있다. 아마도 자기 의뢰인 얘기일 것이다. 그 내용은 어느 65세 된 딸이 94세 어머니를 공양하느라 고생하는 이야기였다.

그 딸에게는 형제가 있었다. 그리고 자식이라면 누구에게나 부양의 의무가 있다. 그런 생각으로 형제들을 불러 모아 94세 어머니의 공양에 관해 상의하려 했다.

그런데 딸이 말하기를 "법률적으로 동등한 부양 의무가 있다고 해도, 지금까지 아무것도 하지 않은 형제가 과연 부모를 부양하는 일에 협력해줄지 불안하다."는 것이었다.

그 사람 말이 옳다. 그녀의 얘기에 협력해줄 사람들이라면 65세나 되는 사람이 94세 어머니를 공양하느라 고생하는 걸 모른 척할 수는 없다. 모두 모여 의논하더라도 얘기는 더 꼬여서 상황만 안 좋아질지도 모른다.

의무를 수행하지 않는 사람은 입으로만 요란하게 떠들

어댄다. 그러면서 형제와 어머니 사이를 틀어놓을 뿐이다. 모르긴 해도 모두가 모였다면 94세 어머니 공양은 훨씬 큰 일이 되었을 것이다.

그 변호사는 "결국 누군가가 손해 보는 게 세상사인 모양이다."라며 수필을 마무리했다.

겉으로 보이는 것만 보면 그 변호사 말이 맞을 것이다. 그러나 심리적인 문제까지 들어가 보면 손해 보는 쪽은 법률적으로 동등한 책임이 있는데도 불구하고 부양 의무에서 교묘하게 빠져나간 사람들이다. 나이가 들면 그 청구서는 반드시 돌아오기 때문이다.

약삭빠르게 산 사람들은 그 자식들도 부모를 부양하지 않을 것이다. 자식은 부모가 하는 행동을 지켜보며 자란다. 약삭빠른 사람의 친구 역시 약삭빠른 사람일 것이다.

약삭빠른 사람 주위에는 약삭빠른 사람만 모여든다. 유유상종이다. 그들은 곤란에 처했을 때 도움을 주는 사람들이 절대 아니다. 94세 어머니 공양 문제로 형제자매가 곤란에 처했을 때 협력하지 않는 사람 주변에는 똑같은 부류의 사람만 모이게 마련이다.

07

편하게 살려고 하면 자신감이나
행복은 찾을 수 없다

인생의 짐으로부터 도망쳐 편하게 살면서 자신감이나
행복을 찾으려는 것은 밝은 가로등 밑에서 열쇠를 찾는 것과
마찬가지다. 밝아서 찾기는 편하다. 그러나 그곳에는 찾는
물건이 없다.

미국에서 출간된 《상황은 절망적이지만 심각한 건 아니다》라는 책에 다음과 같은 이야기가 실려 있다.

가로등 아래서 술주정뱅이가 뭔가를 열심히 찾고 있었다. 경찰관이 다가가서 뭘 찾느냐고 물었다. 그러자 그는 "내 열쇠를 찾고 있다."라고 대답했다.

그래서 두 사람은 함께 찾기 시작했다. 한참이 지난 후 경찰관이 "여기서 잃어버린 게 확실합니까?"라고 물었다. 그러자 술주정뱅이가 "아니, 저쪽에서 잃어버렸지."라며 어두운 쪽을 손가락으로 가리킨다.

나는 이 이야기를 젊은 시절에 읽은 적이 있다. 그때 읽은 이야기는 잃어버린 물건이 '열쇠'가 아니라 '지갑'이었던

것 같다. 주된 취지는 같다. 잃어버린 곳은 다른 곳인데 밝은 데서 아무리 찾아봐야 소용이 없다는 내용이다.

그런데 우리는 매일같이 그 술주정뱅이와 똑같은 어리석은 짓을 하고 있는 건 아닐까? 자신감이나 행복은 인생의 짐으로부터 도망쳐 편하게 살고자 하면 절대 찾을 수 없다. 그런데도 우리는 남에게 짐을 떠넘기고 행복해지길 원한다. 게다가 자신감까지 얻으려 한다.

인생의 짐으로부터 도망쳐 편하게 살면서 자신감이나 행복을 찾는 것은 밝은 가로등 밑에서 열쇠를 찾는 것과 마찬가지다. 밝아서 찾기는 편하다. 그러나 그곳에는 찾는 물건이 없다.

인생의 짐을 짊어진 사람은 때로 힘겨울지라도 지금 행복으로 가는 길을 착실하게 걷고 있음을 자각해야 한다.

08

태도와 해석을 바꾸면
인생이 달라진다

자기 확실성은 인생의 짐을 짊어졌기 때문에 생겨난다.
각오하고 받아들이면 모든 일은 좋은 방향으로 흘러간다.
인생의 짐에 대한 태도를 바꾸고, 해석을 바꾸면 인생이
달라진다.

어느 날 인생의 짐 때문에 괴로워하며 숲속을 거닐다가 불현듯 이런 생각이 떠올랐다.

'그래, 바로 내가 태어난 거야.'

'바로 내가 태어난 거야.'라는 말은 어떤 의미일까?

다시 말하자면 나는 이 세상에 단 하나뿐인 유일한 인간이라는 너무나도 당연한 사실을 감정적으로 이해했다는 뜻이다.

흔히 '넘버 원Number One이 아니라 온리 원Only One'이라고 말하곤 한다. 그러나 '온리 원'이라는 말이 주는 느낌은 인생의 짐을 정당하게 짊어졌을 때 생겨나는 것이다. 인생의 짐에서 도망치고 그렇게 말해본들 세상에서 단 하나뿐인 유일한 존재로서의 자긍심은 생겨나지 않는다.

자기 확실성은 자신에게 주어진 삶의 짐을 짊어졌기 때문에 생겨난다는 것을 나는 본능적으로 실감했다. 그리고 그때 삶의 짐으로부터 도망쳤다면, 언뜻 보기에는 편안한 삶을 사는 것처럼 보였을지 모르지만, 자기 확실성은 얻지 못했을 것임을 분명히 깨달았다.

다시 말해 인생의 짐은 불필요하거나 나쁜 것이 아니고 그것을 좋게 받아들이는 사람에게는 삶의 확실성을 부여해 주는 것이다. 각오하고 받아들이면 모든 일은 좋은 방향으로 흘러간다.

인생의 짐에 대한 태도를 바꾸고, 해석을 바꾸면 인생이 달라진다.

자기라는 존재가 불확실하게 느껴지는 사람은 대부분 인생의 짐으로부터 도망친 사람이다. 혹은 늘 책임을 전가하는 사람이다. 마땅히 짊어져야 할 삶의 짐을 남에게 떠넘겼기 때문에 자기라는 존재가 불확실하다. 어떻게든 핑계를 만들어 그 짐으로부터 도망치려고 했기 때문에 삶이 불확실하고 태도가 부자연스러워진다.

자신감이 없고 매사에 태도가 부자연스러운 사람을 살

펴보면 알 수 있다. 대부분은 적당한 말로 자기 책임에서 도망친 사람들이다.

젊어져야 할 인생의 짐이나 반드시 부딪쳐야 할 곤란한 상황을 나쁘게만 생각하는 것은 잘못된 판단이다. 인생의 짐이나 곤란한 상황이 있기 때문에 살아가는 의미가 생겨난다. 어려움을 극복하고 해결해나가는 것이 살아가는 기쁨이 되는 셈이다.

인생의 짐이나 곤란에 정정당당하게 맞서기 때문에 우리는 자기 확실성을 얻는다. 성취감이란 바로 그런 어려움을 긍정적인 감정으로 수용하고 해결했을 때 돌아오는 선물이다.

숲을 거닐면서 느꼈던 '바로 내가 태어난 거야.'라는 감정은 남과는 다른 나, 세상에서 단 하나뿐인 '나'라는 존재를 알아차렸다는 뜻이다.

머리로 이해한 게 아니라 감정이 그렇게 이해한 것이다.

그것은 정말 신기한 체험이었다. 그전까지는 나에게 부족하거나 모자란 부분들이 늘 신경 쓰였다. 세월이 지나면서 약점을 과도하게 의식하는 열등감은 점차 사라졌지만, 남들이 나의 부족하거나 모자란 부분을 지적하면 여전히 기분 나빴다.

나는 힘든 일이 생길 때마다 '내가 자란 환경' 탓으로 돌렸다. 최소한의 애정과 관심을 받고 컸더라면 이런 신경증 경향은 없었을 것이라며 '내가 자란 환경'을 원망했다.

나의 유아적 소망이 채워지지 않은 탓에 내가 얼마나 부자연스러운 사람이 되었는지 알았을 때, '내가 자란 환경'을 책망했다. 나의 비뚤어진 마음에서 비롯되는 고통을 맛볼 때마다 '내가 자란 환경'을 한탄했다.

그러나 '그래, 바로 내가 태어난 거야.'라고 느꼈을 때 그 모든 것이 말끔히 사라졌다. 그런 환경 속에서 태어난 사람이 다름 아닌 바로 나였던 것이다. 그제야 나의 감정이 나의 숙명을 받아들였던 것이다.

'바로 이런 내가 태어났는데도 내가 아니고자' 했을 때 나는 괴로웠다.

이러한 사실을 깨닫는 순간, 내 고통의 원인으로 '내가 자라난 환경'을 탓했던 마음이 깨끗이 사라졌다. '내가 자라난 환경'을 나의 운명으로 나의 감정이 받아들이고 이해한 것이다.

그러면서 나는 '부모에게는 사랑받지 못했지만, 신에게

는 사랑받았다.'는 생각이 들었다. 부모님을 탓하는 게 아니다. 부모님이 자라난 환경을 생각하면, 나의 부모가 자식에게 성숙한 사랑을 주기는 매우 힘들었을 것이다. 그것을 이해할 수 있었다.

09

무책임한 사람은 심리적으로
안정될 수 없다

자기가 할 수 있는 만큼 최선을 다하기 때문에 남에게도
떳떳하게 말할 수 있다. 남에게 떳떳하게 말할 수 없는 사람은
최선을 다한 것이 아니다.

책임이나 인생의 짐이나 부담은 모두 괴롭다. 그러나 그런 것들을 당당하게 짊어지려 했을 때 자기 존재의 확실성을 느낄 수 있다.

무책임한 사람은 아무리 자기 멋대로 살아도 불만은 계속해서 쌓여갈 뿐이다.

부잣집의 방탕한 아들은 자기 멋대로 살아도 마음이 늘 삭막하다. 자신감이 없는 것을 감추기 위해 부자연스러울 정도로 오만하게 행동한다.

'철부지'란 말은 책임 회피와도 일맥상통한다. 철부지는 부담을 떠맡지 않는다. 철부지는 의무를 회피한다.

그러므로 철부지는 심리적인 안정을 찾을 수 없다. 자기 존재의 확실성은 책임, 인생의 짐과 함께 찾아오는 것이기 때문이다.

그래서 질투하는 사람을 보면 잘 알 수 있다. 질투하는 사람은 아무것도 하지 않는다. 당당하게 인생의 짐을 짊어 진다면 딱히 질투 따위에 고통받을 이유가 없다. 이득을 보 는 데서 삶의 버팀목을 찾는 게 아니라, 할 수 있는 만큼 최 선을 다하는 데서 삶의 버팀목을 찾아내는 것이다.

자기가 할 수 있는 만큼 최선을 다하기 때문에 남에게도 떳떳하게 말할 수 있다. 뭔가를 떳떳하게 말할 수 없는 사람 은 최선을 다한 것이 아니다.

그런 의미에서 질투나 '상대에게 떳떳하게 말하지 못하 는 경향'은 자기를 반성하는 좋은 척도이기도 하다. 자기주 장을 떳떳하게 밝힐 수 없을 때, 자기가 마땅히 해야 할 일 을 약삭빠르게 피한 것은 아닌지 스스로 돌아봐야 한다.

겉에서 보기에는 혜택받은 환경에 사는데도 왜 그런지 행복해 보이지 않는 사람이 있다. 경제적으로 풍족하고 자 식과 손자 등 가족도 단란해 보이고 시간적으로도 여유가 있는데 왠지 모르게 태도가 조급하고 부자연스럽다. 그런 사람을 잘 관찰해보면 알 수 있다. 게으름뱅이에 약삭빠른 사람들이라는 것을.

그들은 지금까지의 긴 인생 동안 남에게 짐을 떠넘기고 살아왔다. 교묘하게 둘러대며 부담을 피해왔다. 실제로는 아무런 공헌도 하지 않았으면서 엄청나게 많은 공헌을 하는 척하며 살아왔다.

오로지 자기 이득만 생각하며 약삭빠르게 살아온 결과, 자기 존재가 불확실해진 것이다. 인생의 짐에서 도망치면서 삶의 버팀목도 동시에 사라져버린 셈이다.

지금 인생의 짐 때문에 힘겨운 사람은 천국으로 가는 좁고 험한 길을 걷고 있다고 믿어도 좋다.

제2장

내 인생의 무게,
생각보다 가뿐할지도

10

남을 사랑하는 사람은
강하다

남을 사랑하는 사람은 자기 일보다 상대를 먼저 생각한다.
남에게 잘 보이려 하는 사람은 상대를 생각하는 게 아니라
자기를 생각하는 것이다. 그러므로 남에게 잘 보이려 하는
사람은 비참한 인생을 피할 수 없다.

주위 사람들에게 동정과 인정을 받고 싶어서 무거운 짐을 떠맡는 사람이 있다. 물론 그들의 노력도 가상하다. 그러나 인정받기 위해 짐을 떠맡으면 결국에는 좌절하고 만다.

인생을 비참하게 만드는 건 무엇일까? 그것은 바로 남에게 잘 보이고 싶다는 욕망이다. 그런 욕구를 가진 사람 주변에는 예외 없이 약삭빠르고 교활한 자들이 몰려든다.

다시 말해 남에게 잘 보이고 싶어 하는 사람은 약삭빠른 사람에게 이용당하기 쉽다. 있는 힘을 다해 일하고는 결국 만신창이가 되어 버림받는다. 자기 자신을 바닥까지 탈진시키고 남을 원망하면 때는 이미 늦다.

탈진할 때까지 일하는 사람은 주위 사람에게 동정받지 못한다. 허버트 프로이덴베르거Herbert Freudenberger의 '탈진증

후군'Burnout Syndrome'에 대한 설명을 보면 등줄기가 오싹해진
다. 탈진할 때까지 일하는 사람은 주위 사람에게 실컷 이용
만 당하고 누구에게도 존경받지 못한다고 한다. 존경은커녕
탈진해 쓰러져도 동정조차 받지 못한다.

다시 말해 탈진해버렸을 때는 주위에 그를 이용해 먹은
약삭빠르고 교활한 사람들밖에 없었다는 뜻이다.

물론 그런 결과를 초래한 이유는 탈진한 사람에게도 원
인이 있다. 왜 탈진할 때까지 일해야만 했는가?

혹시 탈진해버린 사람이 남을 사랑하기 위해 일했다면
그런 비극은 피할 수 있었을 것이다. 그러나 탈진한 사람이
그렇게까지 일한 동기는 사랑이 아니다. 남에게 잘 보이기
위함이다.

이런 '나약함'이 바로 탈진한 사람의 인생을 비극으로
만들어버린다. 남을 사랑하는 게 아니라 남에게 잘 보이기
위한 집착이야말로 비극의 원인인 것이다.

이런 나약함에 약삭빠른 사람들이 떼 지어 몰려든다.

남을 사랑하는 사람은 강하다. 남에게 잘 보이려 애쓰지
않기 때문이다. 남을 사랑하는 사람은 자기 일보다 상대를

먼저 생각한다.

남에게 잘 보이려 하는 사람은 상대를 생각하는 게 아니라 자기를 생각하는 것이다. 그러므로 남에게 잘 보이려 하는 사람은 비참한 인생을 피할 수 없다.

약삭빠른 사람들이 하이에나처럼 우르르 몰려드는 것은 거기에 빨아먹을 단물이 있기 때문이다. 한마디로 말해 만만한 '일꾼 로봇'이 거기 있기 때문이다. 시키지 않아도 죽어라 일하는 로봇이 거기 있기 때문이다.

그러다 탈진해버리면 그 로봇이 고장 난 것으로 생각한다. 약삭빠른 사람에게 고장 난 로봇은 더 이상 소용이 없다. 그러니 쓰레기통에 처박아버린다.

11

성공한 인생은
인간관계로 결정 난다

지금 불행한 사람은 주위에 있는 사람들을 관찰해야 한다.
주위 사람의 말을 다 믿어선 안 된다.
왜 그런 말을 했는지 곰곰이 따져봐야 한다.

인생이 잘 풀리느냐 비참해지느냐는 인간관계에 따라 결정 난다. 나약한 사람 주위에는 나쁜 사람들만 모여들게 된다.

불행한 사람의 가장 큰 잘못은 인간관계에 있다. 질이 나쁜 사람들에게 둘러싸여 있기 때문에 불행한 것이다.

질 나쁜 사람이란, 예를 들자면 말만 번드르르하고 실제로는 아무것도 하지 않는 사람이다.

행복해지고 싶다면 현재의 인간관계를 정리해야 한다.

어느 할머니 얘기다. 손자 교육비를 대주겠다며 자식에게 자기를 보살피도록 했다. 그런데 손자 교육비를 내주겠는 말만 계속할 뿐, 죽을 때까지 단 한 푼도 주지 않았다. 불행한 사람은 그런 부류의 사람들에게 둘러싸여 있다.

지금 불행하다면 일단 주변에 나쁜 사람들이 많다고 생각해도 좋다. 그리고 그 책임은 자기 자신에게도 있다. 자신이 나약한 탓이다.

지금 불행한 사람은 주위에 있는 사람들을 관찰해야 한다. 주위 사람의 말을 다 믿어선 안 된다. 왜 그런 말을 했는지 곰곰이 따져봐야 한다.

그 사람이 실제로 뭘 하는지 지켜봐야 한다. 왜 그런 행동을 하는지 그 동기도 생각해봐야 한다. 그렇게 꾸준히 살피다 보면 자신이 상대에게 가볍게 보였다는 걸 알아차릴 것이다. 꼭두각시 노릇을 하는 자기 모습을 알아차릴 게 틀림없다.

자신은 그저 부추김에 넘어가 이용당했을 뿐이라는 사실을 깨닫게 될 것이다. 그리고 '그런 약삭빠른 사람'에게 잘 보이려고 필사적으로 노력했던 자신의 어리석음, 우둔함, 한심함을 직시하게 된다.

그들에게 좋은 사람이라 칭찬받는 것은 결국 당신이 '한심하고 줏대 없는 사람'이라는 뜻이다. 그들에게 좋은 사람으로 인정받는 것은 당신이 '구제할 길 없는 어리석은 사람'이라는 뜻이다.

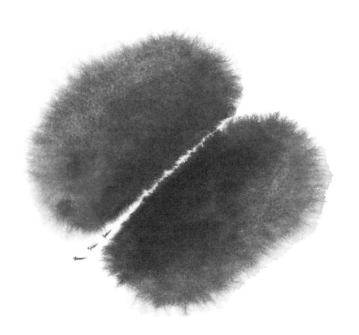

사이비 집단 교주에게 칭찬받으면 당신은 기쁘겠는가?

당신이 지금까지 해온 일은 사이비 집단 교주에게 칭찬받기 위해 애쓰고, 교주에게 충성을 맹세하고, 교단에 모든 걸 바치는 신자의 행동과 본질적으로 같은 것이다. 사이비 집단과 같은 이상야릇한 관계 속에 당신이 놓여 있다는 뜻이다.

그렇지 않다면 당신의 삶이 왜 그리도 고통스럽겠는가? 당신이 성실하게 노력하고 있고, 훌륭한 사람들에게 에워싸여 있다면 왜 그리 불행하겠는가?

이상하지 않은가?

당신은 응석받이로서 노력했기 때문에 질 나쁜 사람들을 불러들이고 만 것이다. 응석받이는 늘 칭찬받고 싶어 하고 보살핌을 원한다. 인정받는 것이 목적이므로 문제를 해결할 의지는 없다. 해결 의지가 없으므로 웃음도 따라오지 않는다. 그들은 침울한 목소리로 얘기를 나눌 뿐이다. 당연히 인생이 즐겁지 않다.

인생의 짐을 당당하게 짊어짐으로써 자기 자신을 확실한 존재로 느끼는 사람과 그저 의미 없는 칭찬만 바라는 응석받이의 차이는 명백하다.

인생의 짐을 짊어지고 자기 확실성을 얻은 사람은 당면한 문제를 해결하려 한다. 그리고 실제로 적극적으로 해결해나간다. 그러나 응석받이는 해결 의지가 없고, 해결할 노력도 하지 않는다. 그저 그 짐에 매달려 있을 뿐이다. 결코 그 짐을 떨쳐낼 수 없다.

이것이 바로 인생의 짐을 짊어짐으로써 삶의 의미를 획득해가는 사람과의 결정적인 차이다.

12

불행은 난데없이
들이닥치지 않는다

화재가 났을 때 소화는 처음 5분이 가장 중요하다고 한다.
맨 처음 5분 안에 꺼야 하는 건 화재뿐만이 아니다.
고민도 마찬가지다.
고민 역시 화재와 마찬가지로 점점 더 심각해진다.

인생의 짐을 기꺼이 짊어진 사람과 그렇지 않은 사람의 또 한 가지 차이는 선견지명이 있느냐 없느냐. 당신이 현재 처한 불행의 원인은 10년, 20년 전에 당신의 태도에서 비롯된 결과물인 셈이다.

선견지명의 결여라고 하면 과장되게 들릴지도 모르겠다. 즉, 앞을 내다보지 못하고 매사를 안이하게 받아들였다는 뜻이다. 그리하여 떠맡을 필요가 없는 짐까지 떠맡아버렸다는 뜻이다. 그 일을 받아들이면 앞으로 어떤 일이 생길지 진지하게 고민해보지도 않고 안이하게 받아들였다.

아이들이 생각 없이 개를 키우려 하는 것과 똑같은 안이함으로 그 짐을 무턱대고 떠맡은 것이다.

개를 키우면 생활이 변한다. 여행은 힘들어질지도 모른

다. 개만 집에 두고 1박 2일 여행하기는 힘들다. 또한 집을 옮기려던 사람은 그 계획을 포기해야 할지도 모른다. 개를 못 키우는 집이 많기 때문이다.

어떤 사람에게 'Yes'라고 말하는 것은 자신의 일생을 바꿔놓을 수도 있다. 그런데도 인정받고 싶은 마음에 'Yes'라고 답한다. 그때부터 무거운 짐이 당신의 어깨를 짓누른다.

고민하는 사람에게는 대개 그런 안이함이 공통적으로 나타난다. 내가 약 반세기 동안 고민이 많은 사람들을 상담하면서 절실하게 느낀 점은 고민이 많은 사람은 대체로 안이한 삶의 자세를 취한다는 것이다.

내게는 고민을 상담하는 편지가 많이 온다. 몇천 통, 몇만 통을 읽어봐도 공통된 점은 바로 그런 안이함이다.

그들은 몇십 년간 쌓인 안이한 삶의 태도 때문에 고민하면서도 그러한 삶의 태도를 바꾸려 하지 않는다. 오로지 자기 고민을 해결해줄 마법의 지팡이만 찾아 헤맨다.

심리학자이자 정신과 의사인 베란 울프가 말한 "고민은 어제 생긴 일이 아니다."라는 말을 나는 "불행은 난데없이 들이닥치지 않는다."라고 바꿔 표현한다.

지금 불행한 사람은 불행의 씨앗을 이미 몇십 년 전에 뿌려서 하루하루 키워온 셈이다. 우리 몸속에 숨어 있는 세균들에 잠복기가 있듯이 고민도 잠복기가 있다. 오래전에 한 일이 현재의 고민으로 변해 그 모습을 드러낸다.

화재가 났을 때 소화는 처음 5분이 가장 중요하다고 한다. 맨 처음 5분 안에 꺼야 하는 건 화재뿐만이 아니다. 고민도 마찬가지다. 고민 역시 화재와 마찬가지로 점점 더 심각해진다.

작은 불을 보고도 못 본 체하는 사이, 불길은 점점 거세게 솟구친다. 고민은 눈덩이처럼 불어난다. 또는 눈사태처럼 큰 재해를 일으킬 수도 있다. 문제를 안고 있을 때 고민은 계속된다.

아무리 고통스러워도 곧바로 맞서 해결하지 않으면, 그 뒤에 기다리는 것은 지옥뿐이다.

13

삶의 방식을 바꾸지 않으면
고민도 해결할 수 없다

현재 자신을 짓누르는 고민이 사실은 이미 젊은 시절부터
자기가 선택한 것이라는 반성이 없다면 앞으로도 절대
행복해질 수 없다. 지금까지의 안이한 삶의 방식을 바꿔야
한다. 고민은 삶의 방식에 따른 결과물이기 때문이다.

중년의 위기는 잘못 보낸 젊은 시절의 청구서라고 말하는 사람이 있다. 찬성하지만, 그것은 꼭 중년에 한정되는 말은 아니다.

젊은 시절에 결혼 상대를 잘못 선택한다. 젊은 시절에 직업을 잘못 선택한다. 그것이 중년이 되면 감당하기 버거운 짐으로 드러나는 것이다.

사치스런 여자와 결혼한 남자도 있을 것이다. 폭력을 휘두르는 남자와 결혼한 여자도 있을 것이다. 일도 하지 않고 놀기만 하는 남자와 결혼한 여자도 있을 것이다. 사치스런 사람과 결혼한 탓에 자식까지 엇나가 고민하는 아버지도 있을 것이다.

그 짐을 감당하기 버거워 노이로제에 걸리는 남자도 있

다. 노이로제에 걸린 중년 남성은 자기 인생을 원망하고, 아내를 원망하고, 자식을 원망할지도 모른다. 그러나 젊은 시절에 그 무거운 짐의 씨앗을 뿌린 사람은 바로 자기 자신이다.

이제 와서 다른 사람의 행복만 시기한다면, 그 사람은 평생 행복해질 수 없다. 현재 자신을 짓누르는 고민이 사실은 이미 젊은 시절부터 자기가 선택한 것이라는 반성이 없다면 앞으로도 절대 행복해질 수 없다.

젊은 시절에 뿌린 고민의 씨앗이 지금에야 열매를 맺은 것이다. 그 열매를 수확해야 할 시기이기 때문에 고통스러운 것이다. 각오를 다지고 그것을 수확해야 한다.

지금까지의 안이한 삶의 방식을 바꾸지 않는 한 행복해질 수 없다. 고민이란 삶의 방식에 따른 결과물이기 때문이다. 삶의 방식을 바꾸지 않고, 고민을 해결하려 해봐야 아무 소용이 없다. 그렇기 때문에 고민을 해결하는 데는 시간이 오래 걸린다.

몇 번을 말하지만, 베란 울프가 말했듯이 고민은 어제 생긴 일이 아니다.

'자기가 짊어져야 할 짐에서 더 이상 도망치지 말자.' 또는 '이제 더 이상 남이 져야 할 짐을 대신 떠맡지 말자.' 이렇게 삶의 방식을 바꿔야만 행복이 찾아온다.

현재 닥친 어려움에서 긍정적인 면을 찾아내자.

14

고민은 애쓴다고 해서
넘어서는 게 아니다

매사를 안이하게 받아들인 사람은 그 태도를 바꾸지 않는 한
제아무리 노력해도 고민은 점점 더 심각해질 뿐이다.

고민은 애쓴다고 해서 넘어설 수 있는 게 아니다. 예를 들어 매사를 안이하게 받아들인 사람은 그 태도를 바꾸지 않는 한 제아무리 노력한다고 해도 고민은 점점 더 심각해질 뿐이다.

좋은 사람으로 보이기 위해 맺고 끊음 없이 안이하게 생활한다. 그로 인해 무리해서 일하고 건강을 해친다.

일을 너무 많이 해서 건강을 해쳤으니 안쓰럽긴 하지만, 왜 그 일을 받아들였는지 동기부터 반성해야 한다.

열등감이 심한 사람은 남이 뭔가를 부탁하면 기분이 좋다. 자기가 인정받았다는 기분이 들기 때문이다. 그 결과 자신의 역량을 넘어선 일을 하고, 결국 건강을 해친다. 건강을 해친 것은 안타까운 일이지만, 그 원인이 자기 열등감에 있음을 자각하지 않는 한, 평생 동안 무리해서 일을 하고 결국 삶이 허망하게 끝날지도 모른다.

심한 경우에는 남에게 잘 보이고 체면을 세우기 위해 연대보증서에 도장을 찍는 바람에 자기가 쌓아온 것들을 모조리 날려버리는 사람도 많다.

물론 자기 의지로 연대보증 도장을 찍고 평생 빚을 갚아나가는 사람은 상관없다.

문제는 자신의 나약함 때문에 도장을 찍는 경우다. 의리 없는 사람이라고 남에게 손가락질당할까 두려워서 연대보증서에 도장을 찍는 사람이다. 그 결과, 평생 빚 때문에 고통스러워한다. 심지어 가족과도 헤어져야 하는 상황을 만들 수도 있다.

그런 사람은 몸의 면역력도 낮아지기 때문에 병에 걸리기도 쉽다. '더 이상 어쩔 도리가 없다.'고 생각했을 때, 사람의 면역 기능은 저하된다.

비극적인 인생으로 내몰린 원인은 한순간 '좋은 사람'으로 보이기 위해 도장을 찍었기 때문이다. 미움받고 싶지 않아서 도장을 찍었기 때문이다. 고맙다는 말을 듣기 위해 도장을 찍었기 때문이다. 상대에게 낮게 평가받는 게 두려워서 도장을 찍어버렸기 때문이다.

그렇게 찍어버린 도장이 10년 후 지금의 비극을 초래한 것이다. 몸이 망가져가며 힘겨운 일을 해야 하는 결과를 초래한 것은 10년 전의 그 도장이다. 10년 전에 좋은 사람인 척 행동한 것에 대한 '청구서'다.

15

행복한 사람은
당장 편한 쪽을 선택하지 않는다

불행한 인생과 행복한 인생을 나누는 기준은 의외로 간단하다.
팔방미인처럼 누구에게나 '좋은 모습'을 보여주려 하는 사람은
거의 대부분 비참한 인생을 초래한다.
그에 반해 무리하면서까지 '좋은 모습'을 보여주려 애쓰지 않는
사람은 비교적 행복한 인생을 살 수 있다.

자신감 있는 사람은 "보증을 설 수 없다고? 의리 없는 녀석 같으니!"라는 상대의 감정적 공갈이 두렵지 않다. "네가 이렇게 의리 없는 놈인 줄 몰랐다."라는 감정적 공갈에 꺾이지도 않는다.

'좋은 모습'만 보여주려 하는 나약함이 그 후의 인생을 비극으로 몰고 간다.

현재의 고민은 이미 과거 어느 시기에 뿌려놓은 씨앗에서 시작되었다. 씨앗을 뿌린 후 그것을 하루하루 큰 고통으로 키워온 셈이다. 그것을 반성하지 않는 한, 고통은 죽을 때까지 계속된다. 그리고 자신의 인생은 고통뿐이었다고 남을 원망하며 생을 마감할지도 모른다.

어떤 사람이 지금 좋아 보이는 이유는 지금 현재 좋을

수 있도록 몇십 년 전부터 뭔가를 해왔기 때문이다. 몇십 년 간 그렇게 노력하며 살아왔기 때문이다. 지금 마음이 편한 사람은 과거에 허세를 부리며 '좋은 모습'만 보여주려는 행동 따위는 하지 않았다.

불행한 인생과 행복한 인생을 나누는 기준은 의외로 간단하다. 팔방미인처럼 누구에게나 '좋은 모습'을 보여주려 하는 사람은 거의 대부분 비참한 인생을 초래한다.

그에 반해 무리하면서까지 '좋은 모습'을 보여주려 애쓰지 않는 사람은 비교적 행복한 인생을 살 수 있다.

불행한 사람은 생활의 규모를 축소하지 않고 빚에 손을 대는 생활을 해온 것이다. 당장은 편하지만, 점점 고통스러워진다.

사람과의 교제도 마찬가지다. 당장 편한 사람만 사귄다. 듣기 좋은 겉치레 말만 하는 사람은 길게 보면 해가 된다. 그리고 어느새 자신의 주위에 진심을 가진 사람은 사라지고 없다. 고민에 빠진 사람은 대체로 인간관계에 문제가 있는 경우가 많다.

모든 걸 그때그때 당장 편한 쪽만 선택해버리기 때문에 쏜살같이 지옥으로 향하는 길로 돌진해버리는 셈이다.

행복해지는 사람은 당장 편한 쪽을 선택하지 않는다. '좋은 얼굴'만 보이려 노력하지 않는다. 문제가 생기면 도망치지 않는다. 어떻게든 해결하려 든다. 그런 삶의 방식이 차츰 쌓여서 행복해지는 것이다.

불행한 사람은 당장 편한 쪽을 선택한다. '좋은 얼굴'만 보이려고 애쓴다. 문제가 생기면 도망친다. 해결하려 들지 않는다. 그런 삶의 방식이 쌓여서 불행해지는 것이다.

16

싫은 사람에게 잘 보이려 애쓰고 있는가

당신은 싫은 사람에게 미움받는 걸 두려워한다.
당신은 싫은 사람에게 당신이 싫어하는 걸 들키지 않으려
애쓴다. 그런 나약함이 바로 당신 불행의 진짜 원인이다.
'미움받는 것에 대한 공포증'을 치료하는 것 말고
행복에 이르는 길은 없다.

당신이 그 사람에게 미움받는 걸 두려워하는 것처럼 그 사람도 당신에게 미움받는 걸 두려워할까? 상대는 당신에게 미움받는 것을 당신만큼 두려워하지 않는다. 어쩌면 전혀 두려워하지 않는지도 모른다.

다시 말해 당신은 단지 가볍게 보였을 뿐이다. 얕보인 것이다.

당신은 그 사람이 싫다고 의식해도 상관없다.

'싫다고 의식해도 상관없다'는 이상한 표현을 쓴 이유는 당신은 이미 그 사람을 싫어하기 때문이다. 그러나 단지 그것을 의식하지 못할 뿐이다.

불행한 사람은 대체로 주위 사람을 싫어한다. 싫으면 싫어해도 상관없다. 싫음을 분명하게 인식하고, 상대에게 싫다고 알리는 용기가 필요하다. 용기 없이 어물어물하는 태도가 상대에게 얕보이는 원인이 된다.

당신은 싫어하는 그 사람에게조차 잘 보이려 노력하는 것이다. 당신은 싫은 사람에게 미움받는 걸 두려워한다. 싫은 사람에게 당신이 싫어하는 걸 들키지 않으려 애쓴다. 그런 나약함이 바로 당신 불행의 진짜 원인이다.

싫은 사람과 관계를 맺으며 생애를 마치는 게 좋은가, 아니면 혼자 고독하게 생애를 마치는 게 좋은가? 과연 어느 쪽이 나을까?

싫은 사람 때문에 고통스러워하며 생애를 마칠 바에는 차라리 혼자 고독하게 생을 마치는 편이 좋지 않을까? 그렇게 생각하면 두려워할 건 하나도 없다.

뭘 그리 두려워하는가?

남에게 '좋은 사람'으로 보이기 위해 당신이 지금까지 해온 노력이 당신에게 과연 무엇을 가져다주었는가?

남은 건 불행뿐이지 않은가? 누구에게도 미움받지 않으려 애쓴 당신의 노력이 당신에게 무엇을 가져다주었는가?

싫은 사람과는 관계를 맺지 않고 살아가야 한다. 싫은 사람에게 '좋은 사람'으로 보이려고 노력하면 죽을 때까지 불행하다. 날이 갈수록 점점 더 불행해진다. 사는 게 지옥이다. 식욕도 없고 불면증에 괴로워하는 날이 이어진다.

행복해지기 위해서는 지금까지 허비한 그런 '어리석고 헛된 노력'을 명확히 응시해야 한다. '미움받는 것에 대한 공포증'을 치료하는 것 말고 행복에 이르는 길은 없다.

현재의 인간관계를 깨끗하게 정리해야 한다. 그것 말고는 당신이 행복해질 방법이 없다. '미움받는 것에 대한 공포증'에 걸린 당신에게는 인간관계 정리가 가장 힘든 일일지도 모른다.

그러나 당신은 지금 불행하다. 그것을 직시해야 한다. 인간관계를 정리하지 않으면 점점 더 불행해질 뿐이다.

지금 당신이 행복하다면 그 원인을 생각해볼 필요가 있다. 그것은 미움받는 걸 두려워하지 않고 자기 의지를 확실하게 말했기 때문이 아닐까?

17

지금 외로움이나 열등감에
사로잡혀 있진 않은가

바닥까지 탈진한 사람의 잘못은 결국 자기 자신에게 있다.
물론 일차적으로는 나약한 마음을 꿰뚫어보고 과중한 일을
부탁한 사람이 나쁘다. 그러나 그는 아무한테나 그런 일을
요구하지 않는다. 속이기 쉬운 상대를 찾아 속이는 사람이
사기꾼이다.

불행의 원인은 몇 번이나 말했듯이 외로움과 열등감에 있다.

누군가에게 무엇을 부탁받으면 기분 좋아지는 이유가 뭘까? 그것은 자존감이 부족하기 때문에 남이 뭔가를 부탁하면 인정받은 것 같아 기쁜 것이다.

자존감이 낮기 때문에 남이 말을 건네주면 기쁘다. 특히 높은 사람이 말을 건네주면 더할 나위 없이 기쁘다. 거기에서 기쁨을 느끼는 이유는 외로움도 있지만 열등감에서도 비롯된다.

그렇기 때문에 받아들이지 않아도 되는 일까지 받아들이고 만다. 그때부터 무리한 생활이 시작된다.

당신의 열등감과 외로움은 약삭빠른 사람에게는 좋은

표적인 셈이다. 그들은 당신이 건강을 해쳐도 크게 상관하지 않는다. 단지 받아주는 사람이 없는 일을 다시 받아줄 사람이 없어졌을 뿐이라 여긴다.

당장 곤란을 겪을 수는 있지만, 그 사람은 금세 다른 사람을 찾아낸다. "사람은 마켓에서 찾으면 된다."라고 어느 경영자가 말했다.

그런데도 당신은 자기에게 말을 건네준 게 기뻐서 무리한 일을 떠맡고 결국 건강을 해친다.

바닥까지 탈진한 사람의 잘못은 결국 자기 자신에게 있다. 물론 일차적으로는 나약한 마음을 꿰뚫어보고 과중한 일을 부탁한 사람이 나쁘다.

그러나 그는 아무한테나 그런 일을 요구하지 않는다. 사기꾼이 아무나 속이려 들지 않는 것과 마찬가지다. 사기꾼은 속이기 쉬운 상대를 찾아 속이는 사람이다.

18

불행한 관계라면
차라리 잃는 게 낫다

사람과의 관계에서 일이 벌어지면 당신은 깊게 고민할
필요가 없다. 공포심을 관찰로 바꿔라. 두려워하지 말고
주위 사람을 찬찬히 관찰하라. 여러 가지 문제들은 틀림없이
차츰 해결되어갈 것이다.

지금의 삶이 힘든가? 몹시 고통스러운가?

그렇다면 가장 먼저 당신의 인간관계를 돌아보라. 당신의 인간관계가 좋지 않을 가능성이 매우 높다. 그리고 과감히 정리하라.

지금 주위에 있는 사람의 신뢰를 잃는다 해도 대수로운 일이 아니다. 아니, 오히려 잃는 편이 낫다.

"실패하면 어쩌나?" 두려워하지 않아도 된다. "그 사람들에게 경멸당하면 어쩌나?" 두려워하지 않아도 좋다. "거절당하면 어쩌나?" 두려워하지 않아도 좋다.

당신이 인간관계에 대해 갖고 있는 온갖 공포들은 터무니없고 시시하다. 사람과의 관계에서 일이 벌어지면 당신은 깊게 고민할 필요가 없다.

공포심을 관찰로 바꿔라. 두려워하지 말고 주위 사람을
찬찬히 관찰하라.

여러 가지 문제들은 틀림없이 차츰 해결되어갈 것이다.

제3장

기꺼이 오늘을 살아가는
지혜와 용기

19

비극적인 결말이 아닌
'현재의 지옥'을 선택한다

거절은 누구에게나 힘들다. 그러나 섣불리 받아들였다가
그로 인해 훗날 "이젠 죽음밖에 방법이 없어요."라고 말하게
될 바에는 처음부터 거절하는 게 낫지 않을까? 나중에 다가올
비극적 결말보다는 거절하는 현재의 지옥을 선택해야 한다.

사람들은 막다른 궁지에 몰렸을 때 어리석은 행동을 취하는데, 그런 어리석은 행동을 선택한 사람들 얘기를 들어보면 그것 말고는 다른 도리가 전혀 없었다고 말한다.

　그러나 도리가 없는 상태까지 이른 과정을 돌이켜보면 피할 길은 분명히 있었다. 이미 그 지경까지 이른 후에 생각하기 때문에 '더 이상 어쩔 도리가 없다'는 말이 나오는 것이다.

　하루하루의 행동이 쌓이고 쌓여서 그런 상황으로 내몰린 것이다.

　아이나 직장인이나 노인 할 것 없이 집단 따돌림 때문에 비극적인 자살을 선택하는 일이 종종 벌어진다. 그 사람들이 맨 처음 따돌림을 당했을 때 그 따돌림을 거부하거나 아니면 나중에 자살할 수밖에 없는 두 가지 선택뿐이란 것을 알았다면 처음부터 온 힘을 다해 그들과 맞서 싸우지 않았을까?

초등학교, 중학교의 집단 따돌림을 비롯해 가정 안의 따돌림, 직장에서의 부당한 피해, 기업의 총회꾼(소수의 주식을 가지고 있으면서 주주 총회에 참석하여 말썽을 부리거나, 금품을 받고 의사 진행에 협력하거나 방해하는 사람)과의 유착까지도 과정은 같다.

협박범도 마찬가지다. 맨 처음 "10만 원만 마련해봐."라고 요구했을 때, '그 정도야 문제도 아니지.' 하고 줘버린다. 그러면 다음에는 100만 원을 요구한다. 그리고 다음번에는 "1000만 원 내놔!"라고 협박한다.

맨 처음에 '그 정도야 줘버리고 말지.' 하며 돈을 건넨 나약함이 더 큰 비극의 방아쇠가 되어버린 셈이다.

인간관계에서도 마찬가지다. 어떤 사람과 헤어질 수 없다고 말한다. 그러나 그 사람과 헤어지지 않으면 행복해질 수 없다. 그런 상황에 처한 사람들이 상담센터 등에 자주 전화를 걸어온다. 그러면서 "이젠 죽음밖에 방법이 없어요."라고 말한다.

몹쓸 남자에게 얽혀든 부인과 형편없는 여자에게 얽혀든 남자에게 "헤어지세요!"라고 말해주면, 그들은 헤어질 수 없는 상황을 장황하게 늘어놓는다. 그러면서 또다시 그와 함께하는 불행한 삶에 대해 털어놓는다.

그들 말처럼 그렇게까지 서로가 얽혀버리면 그 사람과는 좀처럼 헤어지기 어렵다. 그러나 그렇게까지 된 과정에는 헤어질 수 있는 기회가 분명히 있었을 것이다.

그런 기회가 있었음에도 당시에는 상대와 과감하게 헤어지는 것보다는 시간을 질질 끌면서 계속 만나는 게 더 편했을 것이다.

처음에는 만나자고 하기에 별생각 없이 나갔다. 마음은 별로 내키지 않았지만, 우연히 그날 시간이 비어서 따라나서고 말았다. 어쩌면 언제든 쉽게 헤어질 수 있는 사람이라고 생각해 더욱 부담 없이 나갔지만 관계는 꼬여버리고, 결국 인생을 흔드는 관계가 되고 말았다.

맨 처음에 거절했다면 "이젠 죽을 수밖에 없어요."라는 상황으로는 내몰리지 않는다.

거절은 누구에게나 힘들다. 그러나 섣불리 받아들였다가 그로 인해 훗날 "이젠 죽음밖에 방법이 없어요."라고 말하게 될 바에는 처음부터 거절하는 게 낫지 않을까?

이렇게 계속 가다가는 나중에 비극적 결말을 맞이하게 될 수도 있다. 그것을 생각한다면 거절하는 현재의 지옥을 선택해야 한다.

20

피하기만 하면 행복한 미래는
찾아오지 않는다

문제는 해결하지 않으면 점점 더 커질 뿐이다.
시간이 해결해준다는 말은 수라장을 체험한 후에
고뇌를 돌이켜보며 나누는 얘기다.
문제가 생겼는데도 해결 방법을 취하지 않으면
청구서는 시시각각 불어난다.

어떤 일을 거절할 때는 수라장(아수라왕이 제석천과 싸운 마당, 싸움이나 그 밖의 일로 혼란에 빠진 상태)을 각오해야만 한다. 수라장이란 그야말로 죽느냐 사느냐 하는 진검승부의 장이다. 그렇기 때문에 두렵다. 수라장은 누구에게나 두렵다. 그래서 누구나 피하고 싶어 한다.

대부분의 사람들은 수라장을 피하려 한다. 그러나 수라장을 겪어내지 않고서는 인생의 무거운 문제들을 해결할 수 없다.

연인과의 이별이든, 부부의 이혼이든, 친구와의 이별이든, 이별에는 속임수가 통하지 않는다. 정면으로 부딪혀야 하고, 그만큼 서로가 입는 상처도 크다.

그래서 하루하루 이별을 미룬다. 오늘 이별을 내일로 미

룸으로써 오늘 당장은 마음이 편하다. 그러나 그것은 수라
장을 하루하루 미루는 것이며, 지옥으로 가는 길을 한 걸음
한 걸음 착실하게 밟아가는 셈이다.

'황혼 이혼'이라는 말이 있다. 황혼 이혼은 젊은 시절의
이혼보다는 비극적이긴 하지만, 황혼의 나이에라도 이혼을
했으니 그나마 낫다.

더 큰 비극은 황혼 이혼을 못하는 부부다. 이혼하지 못
하는 이유야 여러 가지지만, 함께 살 수 없을 만큼 서로를
증오하면서도 한 지붕 아래서 나이를 먹으며 함께 살아가는
지옥을 겪는다.

황혼 이혼의 비극도 어느 순간부터 하루하루 수라장을
미뤄온 결과다. 좀 더 일찍 결단을 내렸다면, 비극은 최소한
에서 막을 수 있었다. 이혼은 비극이지만, 그래도 최대의 비
극은 피할 수 있다.

인생에 있어 가장 위험한 행동은 문제 해결을 하루하루
미루는 것이다. 문제는 해결하지 않으면 점점 더 커질 뿐이
다. 시간이 해결해준다는 말은 수라장을 체험한 후에 고뇌
를 돌이켜보며 나누는 얘기다.

수라장을 피하지 않고 겪어내면 이후의 고통은 시간이

해결해주지만, 수라장을 피하면 시간은 적이 된다. 시간이 지날수록 불행이나 비극은 커져만 간다. 빨리 해결하지 않으면 빚은 계속 불어날 뿐이다.

문제가 생겼는데도 아무 해결 방법을 취하지 않으면 청구서는 시시각각 불어난다. 그것을 깨닫지 못하고 해결을 뒤로 미루면, 어느 순간 '더 이상 어쩔 도리가 없는' 상태에 빠져든다.

나이 들고 몸은 약해지고 기력은 쇠해지고 에너지도 없다. 이제 더 이상 해결할 기운이 없다. 그때 비로소 자기가 쌓아온 우유부단함의 청구서를 정리해야 한다. 그 청구서 금액을 보고 놀랐을지라도 때는 이미 늦다.

어떻게든 되겠지, 어떻게든 해결되겠지, 설마 그런 비극은 없겠지 하고 미루어온 결과다.

누군가가, 무언가가, 운명이, 시간이, 기도 같은 것들이 해결해줄 거라며 태평하게 여긴 결과다.

그것이 바로 베란 울프가 말하는 '주저躊躇 노이로제'다. 수라장 없이 모든 게 해결될 거라고 기대하는 것이 바로 주저 노이로제다.

문제는 아무도 해결해주지 않는다. 인생은 수라장의 연

속이다. 그것이 살아가는 의미다. 자신감을 가지고 당당하게 이겨내며 살아왔다는 것은 수라장을 피하지 않았다는 뜻이다.

노후가 행복한 사람은 수라장을 피하지 않고 살아온 사람이다. 노후가 비극적인 사람들은 대부분 젊은 시절부터 '어떻게든 되겠지.'라며 문제를 피한 채 해결하지 않고 살아온 사람들이다.

'뭔가 잘못됐다'고 느낄 때는 이미 문제가 생겨났을 때다. 그런데 대부분의 사람은 부딪쳐보지도 않고 자신이 상처 입을 것이 두려워 보고도 못 본 척 살아간다.

결혼 생활에 문제가 생겼는데도 못 본 척한다. 우선은 가정을 지키기 위한 것이지만, 두 번째는 문제 해결의 단초를 찾을 수 없기 때문이다. 그래서 대부분 바쁜 일상과 육아 문제로 덮어버린다.

"회사 일이 바쁘다."라는 말은 결혼 생활 문제에서 눈을 돌리는 대표적인 핑곗거리다. 그런 식으로 부부간의 수라장을 피한 채 도망친 사람들은 정년퇴직과 함께 청구서 지불 시기가 들이닥친다.

여러 핑계로 그때그때 수라장을 피하며 살아도 결국에

는 더욱 극복하기 힘든 수라장이 기다리고 있을 뿐이다. 그
것을 피할 수는 없다.

그 청구서는 자식 문제로 표면에 드러나는 경우도 있을
것이다.

부부 사이가 나쁜 걸 눈감고 살아간다면, 어쨌거나 하루
하루는 평온무사하게 지나간다. 40대는 그나마 체력이나 기
력이 남아 있다. 그러나 60대, 70대가 되면 쇠약 증세는 피
할 수 없다.

그렇게 도망칠 수도 없는 막다른 궁지에 몰아넣고 해결
을 강요한다. 그러나 그 사람에게는 이미 해결할 힘이 남아
있지 않다. 그것이 바로 지금껏 대충대충 얼버무리며 살아
왔다는 증거다.

나는 어느 고령자의 일기를 읽으면서 무책임하게 살아
온 사람의 마지막 모습을 접하고 몸서리를 쳤다. 그것은 정
말이지 고뇌라는 말로는 다 표현할 길 없을 만큼 고통스러
운 상황이었다. 그 노인이 자살할 것이라는 게 눈에 훤히 보
였다.

지금까지 무책임하게 살아온 인생에 대한 청구서를 받
았고, 그 값을 치를 시기였다.

자신을 곤경에 빠뜨린 그것이 바로 수라장에서 구해주는 열쇠가 될 수 있다. 고민거리가 생겼는데도 해결하지 않고 도망치며 그때그때 술로 은근슬쩍 넘겨버린다면 훨씬 심각한 고민으로 발전시키고 마는 것이다.

21

시간은 문제를
해결해주지 않는다

절반밖에 안 되는 돈을 내고 할부로 자동차를 사버렸다.
그러면 할부 이자만 계속 불어날 뿐이다.
사람의 고민도 이와 마찬가지다.
시간이 해결해주는 것은 감정이지 문제 자체가 아니다.

수라장을 피하는 삶의 방식은 결국 노이로제에 시달리며 살아가게 한다.

　자동차가 너무 좋아서 어쩔 줄 모르는 사람이 있다고 치자. 그 사람이 너무나 탐나는 자동차를 만났다. 그러나 그 가격의 절반밖에 돈이 없다. 그 후로도 딱히 돈이 들어올 일은 없다. 그런데도 절반밖에 안 되는 돈을 내고 할부로 자동차를 사버렸다.

　그러면 할부 이자만 계속 불어날 뿐이다. 사태는 날이 갈수록 악화된다. 그러나 정작 본인은 마음에 드는 차를 타고 다니며 만족한다. 재정 상태는 점차 악화되어간다.

　사람의 고민도 이와 마찬가지다. 시간이 해결해주는 것은 감정이지 문제 자체가 아니다.

22

마음가짐에 따라 인생의 짐은
가벼워질 수 있다

마음가짐에 따라 병이 나느냐 건강해지느냐가 결정된다고
하면 조금 지나친 표현이겠지만, 마음가짐이 건강이나 병에
상당한 영향력을 미치는 것은 분명하다.

성가신 일들이 꼬리에 꼬리를 물고 일어나면 누구라도 그 짐을 내던져버리고 싶다. 이제 그만 각박한 그 현실에서 증발해버리고 싶어진다.

업무 부담, 부모 공양, 생활의 무게, 가족의 굴레, 육아 부담 등 세어보자면 끝이 없을 지경이다.

"인생은 무거운 짐을 짊어지고 먼 길을 가는 것과 같다." 라는 도쿠가와 이에야스德川家康의 말은 이해하지만, 그래도 짐이 너무 많아서 도망치고 싶어진다.

그리고 세상에는 실제로 도망치는 사람이 많다. 그런 짐들 때문에 병에 걸리는 사람도 있다. 그러나 다행스러운 것은 그 짐들을 기꺼이 다 짊어지는 사람도 많다는 것이다.

마음가짐에 따라 병이 나느냐 건강해지느냐가 결정된다

고 하면 조금 지나친 표현이겠지만, 마음가짐이 건강이나 병에 상당한 영향력을 미치는 것은 분명하다.

인생의 짐에 어떻게 대처하느냐는 그 짐 자체와 마찬가지로 매우 중요하다.

스탠포드대학 의학부의 케네스 펠레셔Kenneth Pelletier 박사는 논문을 통해 "기분, 성격 특성, 대처 방식, 억압된 분노, 절망감, 심리적 약점, 자기 방어적 태도 등 여러 심리적 요인이 모두 스트레스 대처법에 영향을 미칠 수 있다. 그렇다면 그 심리적 요인이 스트레스가 면역계에 미치는 충격을 완화시키는 일도 가능할지 모른다."라고 서술하고 있다. 다시 말해 마음가짐에 따라 인생의 짐이 우리에게 미치는 영향을 완화시킬 수도 있다는 뜻이다.

그렇다면 여기에서 말하고 있는 '마음가짐'이란 대체 무엇일까?

23

자기 의지로 움직이는 사람은
어려움이 와도 흔들리지 않는다

싫다고 말하지 못하고 어쩔 수 없이 받아들인 일에는 에너지가
나오지 않는다. 삶과 맞서 싸우는 사람은 곤란에 처했을 때
비로소 힘을 드러낸다. 무엇이든 평소부터 늘 훈련해두라는
말은 바로 이런 뜻에서다.

펠레셔 박사의 논문에는 뉴욕시립대학의 심리학자 수잔 코바사Suzanne O. Kobasa가 시카고대학에서 8년에 걸쳐 조사한 내용이 실려 있다. 기업 경영자들이 기업 경영에 동반되는 통상적인 위기나 혼란에 직면할 때 그들이 어떻게 대처하는가를 조사한 내용이다.

혼란을 이겨내는 과정 중에 가장 건강했던 사람들에게 일정한 특징적인 성격이 보인다는 것을 수잔 코바사는 알아차렸다. 그중 하나는 어려움에 직면했을 때, 그것을 위협이 아닌 보람 있는 일로 받아들이고, 그 변화를 고양된 기분과 에너지로 응해 나간 점이라고 한다.

아마도 그 사람들은 자기 의지로 지금의 일을 시작했을 것이다. 본래부터 그 일을 해내는 데서 삶의 보람을 느꼈을 것이다. 예를 들면 부모의 기대 때문에 일을 한 것이 아니다. 부모의 기대 때문에 회사에 들어가고 중역까지 올라가지도 않았을 것이다.

이처럼 사람은 자기가 납득하는 일을 할 때에는 적극적이고 긍정적으로 변한다. 그럴 때는 에너지를 가지고 위기에 대응할 수 있다.

"근심스러운 일이 한층 더 쌓여 유한한 이 몸의 힘을 시험하라."고 노래한 사람이 있다. 무서울 정도의 에너지다.

어렸을 때부터 주위 사람들에게 영합해서 살아온 사람에게는 이런 에너지가 없다. 싫다고 말하지 못하고 어쩔 수 없이 받아들인 일에는 에너지가 나오지 않는다.

삶과 맞서 싸우는 사람은 곤란에 처했을 때 비로소 힘을 드러낸다. 무엇이든 평소부터 늘 훈련해두라는 말은 바로 이런 뜻에서다.

오늘부터라도 늦지 않다. 삶의 방식을 바꿔야 한다.

건강한 기업 경영자들의 두 번째 특징은 업무, 지역, 가족 등 본인이 의미 있다고 여기는 것과 깊은 연관을 맺고 있다는 점이다.

자기가 약한 소리를 해도 주위에서 따뜻하게 지켜봐주

는 사람들이 있다는 사실을 잘 알고 있다. 사람은 도망칠 곳이 있기 때문에 힘을 낼 수 있다. 지쳐 돌아와도 따뜻하게 맞아주는 사람들이 있다. 그곳에서는 허세를 부리지 않고 편안하게 지낼 수 있다.

자신만만하게 "남자한테는 일이 우선이야!"라며 가정을 희생시키는 남자는 곤란에 맞닥뜨리면 의외로 나약해질 수 있다. 더군다나 어떤 불안에서 도망쳐 일 중독증에 걸려버린 사람이라면 위기에 맞닥뜨렸을 때 돌아갈 곳이 없어서 제일 먼저 좌절할지도 모른다.

그들의 세 번째 특징은 스스로 통제하고 조절하고 있다는 느낌을 갖는다는 것이다. 그것은 올바른 정보를 바탕으로, 결정적인 차이를 만들어내는 가능성 있는 결정을 스스로 내릴 수 있는 감각이라고 한다.

자기 결단으로 업무를 결정할 수 있고, 무엇보다 자기가 결단할 수 있는 사람이라는 뜻이다. 그리고 자기가 할 수 있는지 없는지 분명하게 말할 수 있는 사람일 것이다. 그 누구보다 각오를 다지고 살아가는 사람들이다.

이런 심리적 특징을 갖지 못한 사람이 곤란을 이겨내지 못하고 좌절한다.

앞의 논문에서 케네스 펠레셔 박사는 "부정적인 심리적 특성으로 인해 스트레스의 영향력이 강해진다면, 긍정적인 대처 방식은 스트레스로부터 우리 몸을 지켜주는 쿠션 역할을 해낼 수 있다."라고 말한다.

24

궁지에 몰린 사람도
약삭빠른 사람도 모두 불행하다

부담만 짊어지다 끝내 우울증까지 내몰린 사람들이 착각하는
점이 있다. 그것은 약삭빠른 사람들은 편하고 행복한 인생을
보내고 있다는 생각이다. 실제로는 양쪽 모두 불행하다.
우울증에 걸린 사람들은 자기가 놓인 상황을 체념하고
받아들인다.

약삭빠르고 교활하게 이리저리 도망만 치면서 자신은 아무것도 하지 않는 사람은 이용해 먹고 뭔가를 우려낼 수 있는 사람에게 착 달라붙어 떨어지지 않는다.

우울증에 쉽게 걸리는 사람은 이런 약삭빠른 사람들의 위험을 알아채지 못한다.

돈을 뜯어내는 사람은 1만 원을 주면 다음번에는 10만 원을 뜯어내려 한다. 돈을 뜯어내는 사람은 별다른 수고 없이 돈만 챙기기 때문에 착취 대상에게서 결코 떨어지지 않는다. 그 돈이 천만 원이 되었을 때, 큰 사건이 벌어지는 것이다.

요컨대 나약한 사람은 사건이 크게 될 때까지 해결하지 못한다. 자기 힘으로 해결하려 들지 않는다.

나는 이런 나약한 타입의 우울증 환자를 자기소멸형 우울증 환자라고 부른다. 이와 반대인 자기확장형 우울증 환자도 있다. 여기에서는 자기소멸형 우울증 환자에 관해 이야기하려 한다.

가족 중 한 사람이 어릴 때부터 집안 살림을 지탱해나가고 부모나 다른 형제들은 약삭빠르게 책임을 회피하는 경우가 상당히 많다. 집안을 꾸려나가는 사람을 제외한 나머지 사람들은 제 입에 맞는 맛있는 것만 골라 먹는다.

맛있는 것만 골라 먹고 맛없는 것은 남에게 떠미는 사람이 세상에는 수없이 많다. 그런 사람은 단물만 빨아먹으면서도 늘 욕구불만이다.

항상 그늘 속에서만 노력할 뿐 빛도 못 보고 혹독한 일만 감당하는 사람은 그런 환경이 억울해서 심리적으로 병에 걸린다. 그렇게 될 만하다.

그러나 부담만 짊어지다 끝내 우울증까지 내몰린 사람들이 착각하는 점이 있다. 그것은 약삭빠른 사람들은 편하고 행복한 인생을 보내고 있을 거라는 생각이다.

실제로는 양쪽 모두 불행하다.

그렇게 우울증에 걸린 사람들은 자기가 놓인 상황을 체

넘하고 받아들인다. 그러나 그런 자포자기의 수용 방식은 또다시 고통을 늘릴 뿐이다. 주위 사람과 싸우지도 피하지도 못한다. 자기 스스로 상황을 제어하거나 지배한다는 느낌도 없다. 그러다 보니 그 상황을 도전으로 받아들이지도 못한다. 그 사람에게는 마음을 털어놓을 만한 친한 사람도 없다.

"실험용 동물을 가지고 좁은 공간에 빽빽하게 넣어두거나 전기 충격을 가하거나 큰 소리를 내거나 포식 동물과 같은 공간에 넣어두는 등의 실험을 했더니 스트레스가 면역 세포 기능을 저하시켰다. 그러나 면역계 기능 저하가 현저하게 두드러질 때는 동물에게 도망칠 수단이 없는 스트레스 요인을 가할 때였다."

인생의 짐을 자신에게 떠넘기고 도망친 사람들을 보며 억울하다 생각하지만, 다른 도리가 없다. 그런 억울하고 분한 마음은 결국 자신을 심리적인 궁지로 몰아넣는다.

이것이 바로 피할 수단이 없는 스트레스 요인으로, 결국 우울증에 걸리고 마는 것이다. 그들은 면역 저하로 인해 건강 상태가 늘 안 좋다.

25

약삭빠른 사람은 인간관계에
신뢰가 없다

약삭빠르게 도망만 다니는 사람의 얼굴은 그런 약삭빠른
분위기가 감돈다. 주위 사람들도 그런 사람들만 모여들 수밖에
없다. 서로 상대를 믿지 못하는 사람들끼리 모여 있는 관계이기
때문이다.

물론 회사 생활에서도 무거운 짐을 떠맡는 사람과 그 짐을 약삭빠르게 피해 다니는 사람이 있다. 회사에 다니는 목적의식이 없는 사람은 아무래도 약삭빠르게 마련이다.

　　약삭빠른 사람들은 그곳이 좋아서 있는 게 아니다. 그들은 사실 있을 곳이 없기 때문에 그곳에 있을 뿐이다. 무거운 짐을 짊어지는 사람도 괴롭지만 약삭빠른 쪽도 괴롭긴 마찬가지다.

　　세상에는 공적인 일이든 사적인 일이든 착취하는 쪽과 착취당하는 쪽으로 나뉘는 인간관계가 많다. 남녀 관계, 부모 자식 관계, 친구 관계, 업무 관계에서도 그렇다. 그것이 바로 불행의 구조다.

　　약삭빠르게 도망만 다니는 사람의 얼굴은 그런 약삭빠

른 분위기가 감돈다. 주위 사람들도 그런 사람들만 모여들
수밖에 없다.

성실한 사람들은 그런 약삭빠른 사람들의 분위기를 견
뎌내기 힘들기 때문에 그들과 친해질 수 없다. 다시 말해 약
삭빠르게 도망 다니는 사람들이 맺는 인간관계에는 신뢰가
없다. 서로 상대를 믿지 못하는 사람들끼리 모여 있는 관계
이기 때문이다.

약삭빠르게 요리조리 빠져나가는 사람에게는 인생의 목
적이 없다. 약삭빠른 사람도 부담만 떠맡는 사람도 괴롭긴
마찬가지다.

공멸共滅, 즉 같이 망한다는 말이 있다. 자기에게 안 좋은
일은 상대에게도 안 좋다고 미국의 심리학자 데이비드 시버
리는 말했다.

혹독한 처사를 견뎌내는 것은 당하는 쪽도 안 좋지만 피
해를 주는 쪽도 안 좋다. 그들은 끊임없이 상대를 착취하고
괴롭히면서도 절대 마음의 만족을 얻지 못한다.

자기소멸형 우울증에 걸리는 사람이나 자기소멸형 신경
증 환자 주위에는 입으로는 사랑을 외치면서도 남을 이용할
생각만 하는 사람들이 모여든다.

말은 번지르르하지만, 실제 행동은 이루 말할 수 없이 뻔뻔하다. 그러므로 양쪽 다 진정으로 친한 사람은 없다. 항상 자신을 지키는 방법만 생각하기 때문에 그 누구도 믿지 않는다. 또한 누구에게도 믿음을 얻지 못한다.

26

약삭빠른 사람은
말만 번지르르하다

"나는 내 이익만 생각한다."라고 떳떳하게 말하면 괜찮다.
그러나 약삭빠른 사람은 늘 번지르르한 말을 늘어놓으며
부담에서 도망친다.

마음이 따뜻한 사람과 차가운 사람을 비교하면 차가운 사람이 더 세다. 예를 들어 나이 든 부모를 나 몰라라 방치하고 공양하지 않는 쪽은 마음이 차가운 사람이다. 결국 마음이 따뜻한 사람이 부담을 짊어지게 되어 있다.

마음은 따뜻하지만 나약한 사람은 불공평하게 자기 혼자만 부담을 짊어졌다고 억울해한다. 과도한 부담으로 탈진하는 생활이 이어지다 보면 주위 사람도 그 부담을 나눠 가졌으면 좋겠다는 생각을 한다.

그러한 생각 때문에 마음은 따뜻하지만 나약한 사람 역시 마음의 만족은 얻지 못한다. 의무감에서 받아들였기에 지금 상황이 불공평하다고 느끼는 것이다. 이 또한 심리적으로 문제가 있다.

145

약삭빠른 사람들은 부담을 교묘하게 피한다. 그리고 세간에는 좋은 사람인 척 행세한다. 약삭빠른 사람들이 가진 뻔뻔함의 근본은 사실을 숨긴다는 데 있다.

"나는 내 이익만 생각한다."라고 떳떳하게 말하면 괜찮다. 그러나 약삭빠른 사람은 늘 번지르르한 말을 늘어놓으며 부담에서 도망친다.

"고령자를 소중히 보살피자."라고 떠들어대면서 고령자를 돈 모으는 수단으로만 삼는 사람들이 있는 것과 마찬가지다.

가장 비열하고 역겨운 사람들은 입으로는 그럴듯한 소리를 늘어놓으면서 실제로는 자기 이익 챙기기에 혈안이 된 사람이다.

그런 사람들 주위에는 우울증 환자 같은 사람이 나타날 수밖에 없다. 그렇게 뻔뻔한 사람들 주위에는 부당하게 부담을 떠안아서 그 괴로움으로 인해 심리적으로 병에 걸리는 사람들이 나타난다.

가족 구성원 중 누가 우울증에 걸리기 쉬운가 하는 문제에 관해 가사하라 요미시^{笠原嘉} 교수의 의견이 있다.

"병에 걸리는 사람은 그 가정에서 정신적·경제적으로 중

심에 있지만, 그럼에도 불구하고 이른바 드러나지 않는 그
늘에서만 일하는 존재다. 그에게 있는 것은 오로지 책임뿐
이며, 그의 고뇌는 주위에서 정당하게 이해받지 못하고 무
시당한다. 또 다른 하나는 흔히 가정 안에 권위적인 인물(부
모, 형제, 배우자 등)이 존재해서 그는 실질적으로는 말단의 위
치를 차지하며, 그런 가정은 흔히 대가족적 특징 내지 그러
한 심리 구조를 강하게 가진다. 전자는 멜랑콜리 친화형 성
격(우울증 발병 이전 성격) 가정에 나타나고, 후자는 지나친 피
해의식이 동반된 양상성兩相性 우울증을 드러낸다는 의미에
서 매닉manic 친화형 성격(조울증 발병 이전 성격) 가정에 많이
나타난다. 그리고 양쪽에 공통되는 점은 지나친 보수성을
내재한 가정이라는 특징이 있다."

27

교활함은 나약함을
민감하게 알아챈다

다른 사람에게 속아 지옥에 떨어지는 나약한 사람에게도
문제는 있다. 왜 속았냐는 것이다. 그 이유는 '좋은 사람'으로
보이기 위해서였다. 남들의 평가 없이는 살아갈 수 없는 나약함
때문이었다.

정직하게 일하는 사람이 피해를 보는 경우가 많은 건 사실이다. 그렇기 때문에 "정직하면 손해다."라는 말도 생겨났을 것이다.

다시 말해 그런 피해를 당하는 사람 주위에는 뻔뻔하고 약삭빠른 사람들이 가득하다는 뜻이다.

야자키 다에코失崎妙子는 다음과 같이 말했다.

"부모를 비롯해 유아기부터 환자 가까이 있던 사람들은 하나같이 입을 모아 그의 성격이 온순하고 순종적이었다고 지적하며 '착한 아이'였다고 강조한다."

'온순한' 그들은 부모 말을 믿는다. 믿을 수밖에 없는 조건이었다. 그 결과 속기 쉬운 사람으로 성장해 사회에 나간다. 그리고 사회에서도 또다시 약삭빠른 사람들에게 이용당한다.

다시 말해 이런 사람은 약삭빠른 사람들이 아주 다루기 쉬운 대상이었다는 뜻이다. 좀 더 명확하게 말하면 우울증에 걸리는 사람은 속기 쉬운 사람이다. 달리 말하면 섬세한 사람이다. 섬세한 사람이 어릴 때 배운 대로 어른이 되어서도 남에게 영합해 무거운 짐을 짊어지려 하는 것이다.

약삭빠른 사람들은 그런 '온순한 사람'에게 부담을 떠넘기고, 자기들은 눈에 보이는 그럴듯한 일만 해서 세상에서는 "참 잘한다."는 평가를 얻는다.

짐을 떠맡은 쪽은 "참 잘한다."는 말을 들으면, "아뇨, 그렇지 않습니다. 당연히 해야 할 일인데요."라고 체면치레 말을 한다. 이것이 바로 나약함이다.

남에게 속아 지옥에 떨어지는 나약한 사람에게도 문제는 있다. 왜 속았느냐는 것이다. 그 이유는 '좋은 사람'으로 보이기 위해서였다. 남들의 평가 없이는 살아갈 수 없는 나약함 때문이었다.

그들은 미움받는 게 두려워서 무거운 짐을 떠맡는다. 남에게 좋은 평가를 받고 싶어서 '좋은 표정'을 짓는 것뿐이다. 남에게 "잘한다.", "과연 다르다."는 말을 듣고 싶어서 과중한

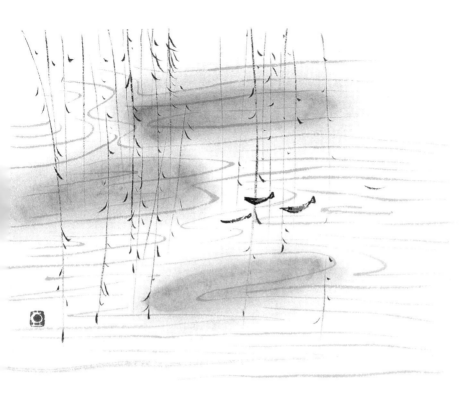

부담을 떠맡은 것이다. 남에게 "역시!" 하는 감탄사를 듣고 싶어서 과도한 부담을 짊어지고 만 것이다.

부탁을 받았을 때는 거절해도 된다. 그러나 거절하면 상대가 "에이, 뭐야." 하며 실망할까 두려워서 부담을 떠맡고 마는 것이다.

"잘한다.", "과연 다르다."라는 말을 듣기를 바라는 마음이야말로 지옥으로 향하는 지름길인 셈이다.

"저 녀석은 조금만 부추기면 뭐든지 해."라고 얕보였기 때문에 부당한 부담을 강요당한다.

다시 말해 나약한 사람은 무슨 부탁을 받으면 '신뢰받았다'고 착각한다. 얕보인 걸 모르고 기뻐하는 것이다.

'온순한 사람'은 분명 순수하다. 그러나 애정 결핍증이 강한 경우가 많다. 무슨 먹이든 던져주면 금세 달려든다. 굶주린 짐승처럼 뭐든 가리지 않고 허겁지겁 달려든다.

나는 몇 가지 격언들을 잊을 수 없는데, 그중 하나가 "교활함은 나약함을 민감하게 알아챈다."라는 말이다.

교활한 사람은 '이 사람은 듣기 좋은 소리를 적당히 해주면 좋아서 짐을 떠맡을 바보다.'라고 꿰뚫어본다. 그리고 그 짐을 떠맡은 쪽은 상대에게 바보 취급당한 것도 모르고 자기가 인정받은 줄 착각하며 과도한 짐을 떠맡아버린다.

칭찬은 위험한 폭약 같은 것이다. 교활한 사람은 그런 폭약을 세상 곳곳에 설치한다. 연못에 잉어가 있는 건 알지만, 어디 있는지 모른다. 그럴 때는 고요한 호수에 돌을 던진다. 그러면 잉어들이 놀라서 움직인다. 그 움직임 때문에 잉어가 어디 있는지 알아낼 수 있다. 그래서 잡기 쉬워지는 것이다.

이처럼 칭찬은 연못에 돌을 던지는 것과 같다. 칭찬을 마구 뿌려대면 그 말에 움직이는 사람이 있기 때문에 교활한 사람은 그들을 포착한다. 교활한 사람은 어디에 먹잇감이 있는지 모를 때 칭찬을 마구 뿌려댄다. 그렇게 해서 움직이는 사람을 찾아낸다.

그래서 칭찬은 몸을 해치는 마약이다.

28

상대의 행동을
관찰하라

한쪽은 착취하고 한쪽은 착취당한다. 양쪽 모두 괴롭기는
마찬가지다. 사디즘과 마조히즘이 증상은 다르지만
심리적으로는 같다는 것과 비슷하다. 그렇게 괴로워하는
사람끼리 만나기 때문에 끔찍한 착취와 피착취 구조가
전개되는 것이다.

카렌 호나이^{Karen Horney}는 신경증을 '자기소멸형 신경증'
과 '자기확장형 신경증' 두 가지로 분류했다. 여기서 말하는
자기소멸형 신경증은 과중한 부담을 짊어진 사람에게 나타
나며, 자기확장형 신경증이란 앞에서 말한 약삭빠르고 교활
한 사람에게 나타난다.

심리적 갈등의 표출 방법이 정반대라 해도 뿌리는 같은
셈이다. 한쪽은 착취하고 한쪽은 착취당한다. 양쪽 모두 괴
롭기는 마찬가지다.

사디즘과 마조히즘이 증상은 다르지만 심리적으로는 같
다는 것과 비슷하다. 그렇게 괴로워하는 사람끼리 만나기
때문에 끔찍한 착취와 피착취 구조가 전개되는 것이다.

사랑받지 못하고 자란 사람은 말에 약하다. 듣기 좋은

말을 해주는 사람을 믿으면 당장은 살아가기 편하다. 사랑을 부르짖는 사람의 말을 믿는 게 당장은 편하다.

따라서 지금 짊어진 부담 때문에 괴롭다면 상대의 말이 아니라 상대의 행동을 관찰해야 한다.

29

사랑받고 큰 사람은
상대의 행동을 본다

진정으로 존경받아서 중심에 섰다면 상관없다. 정말로
존경스런 대상이라면 권리도 함께 따라오기 마련이다.
그러나 바보 취급을 받으며 중심 역할을 강요당했기 때문에
그에게 남은 것은 오로지 의무와 책임뿐이다.

가족의 유대가 중요하다고 강조하는 사람이 있다. 가족의 유대는 누구나가 인정하는 훌륭한 덕목이다. 그러나 한번 찬찬히 생각해보기 바란다. 가족의 희생양이 되는 사람이 새삼스레 가족의 유대를 부르짖겠는가?

가족에게서 단물을 빨아먹고 있기 때문에 가족의 유대가 중요하다고 소리 높여 외치는 것이다.

나약한 사람은 가족에게 '좋은 사람'으로 인정받고 싶어서 가족의 유대가 중요하다는 말을 들으면 가족의 희생양이 되어버린다.

약삭빠른 사람은 입으로만 가족의 유대가 소중하니 어쩌니 떠들어댈 뿐, 사실은 자신의 욕망만 채워가는 것이다.

그러나 희생양이 된 사람은 그런 약삭빠른 사람에게 "넌

이기주의자야."라는 말을 듣는 게 두려워서 결국 진짜 이기 주의자의 먹이가 되어버린다.

어느 가족의 이야기다. 장남은 어릴 때부터 다른 가족들 이 다 놀 때 혼자서만 일했다. 어른이 된 후에도 가족들은 장남의 근면함에 기대어 살았다. 가족들에게 돈이 떨어지면 장남이 돈을 마련해주었다. 그러나 정작 장남이 병에 걸렸 을 때는 아무도 보살펴주지 않았다. 어머니는 여러 가족과 합세해 장남의 아내를 비난했다.

그러면서도 가족들은 장남에게 돈을 뜯어낼 때마다 가 족의 유대니 사랑이니 부르짖으며 당연하다는 듯 가져갔다. 그들은 가족의 유대가 견고한 것이 가장 아름다운 삶의 방 식이라고 부르짖었다.

그렇게 부르짖어야 장남에게서 돈을 뜯어낼 수 있기 때 문이다. 가족 간의 유대가 소중하다고 부르짖으면 장남에게 돈을 뜯어낼 때도 불편하지 않다.

부모가 병들어 입원해도 간병은 당연히 장남 가족의 의 무라며 떠넘겼다. 장남 부부는 성실하게 일하는 사람들이었 다. 그 착한 심성을 하늘에서 떨어지는 비처럼 당연하게 여 기고 병든 부모 부양까지 떠넘겼다.

게다가 다른 형제들은 부모에게 그저 '좋은 표정'만 지을 뿐이었다. 그리고 부모는 그런 자식의 행동을 제대로 보지 못했다. 자식 말에 속아 넘어갔다. 장남 이외의 다른 가족들은 실질적인 공양은 장남에게 떠넘기고 입으로만 그럴듯한 말을 늘어놓았다.

그런데도 부모는 다른 자식들에게 고마워했다. 부모의 그런 태도를 본 장남은 배신당한 기분이 들었지만 그래도 부양은 계속했다. 외롭기 때문에 그런 거짓된 유대라도 끊어내지 못하는 것이다.

결국 탈진해 죽어간 장남이 "역시 오빠밖에 없어."라고 부채질하는 소리에 기뻐하지 않았다면 그런 비극은 일어나지 않았을 것이다.

거짓 칭찬에 휘둘리다 보니 그는 자기 자식 보살피는 일은 소홀히 한 채 죽고 말았다. 그는 자기 조카들에게도 경제적 지원을 했지만, 그가 죽었을 때 장남의 자식들을 보살펴 주는 사람은 단 한 사람도 없었다.

가족들이 가족의 유대를 부르짖는 것은 돈을 얻어내기 위해서였다. 그럼에도 그런 말에 휘둘리는 것은 애정 결핍증이 심한 사람의 모습이다.

사랑받으며 자란 사람은 상대의 행동을 본다. 그럴듯한 말은 믿지 않는다.

나는 오모리 겐이치大森健의 〈우울증 환자와 분위기〉라는 논문을 매우 흥미롭게 읽었다. 우울증 환자는 "주위의 것들이 자기 중심으로 돌아가는 분위기를 원한다."고 한다. 내가 설명하는 자기소멸형 신경증 환자도 그런 소망에 사로잡혀 있는 사람이다.

"이 중심 분위기는 동시에 자기 유용성 분위기와도, 또한 타자로부터 듣는 칭찬 분위기와도 연결되어 있다."

우울증 환자는 그런 분위기 속에서 호조를 보인다고 한다. 그런 분위기를 자기소멸형 신경증 환자 역시 원하기 때문에 약삭빠른 사람들에게 이용당하고 마는 것이다.

진정한 경쟁 상대로 여기지도 않고 존경하지도 않기 때문에 중심에 내세울 수 있다는 걸 알아채지 못한다. 질투도 시샘도 느껴지지 않는 대상이기 때문에 중심에 내세우는 것임을 알지 못한다.

중심에 앉혀진 것은 바보 취급을 받았다는 뜻이다. 진정으로 존경받아서 중심에 섰다면 상관없다. 그러나 앞서 설명한 장남 같은 사람은 바보 취급을 받으면서 중심 역할을 강요받은 셈이다. 정말로 존경스런 대상이라면 권리도 함께 따라오기 마련이다. 그러나 바보 취급을 받으며 중심 역할을 강요당했기 때문에 그에게 남은 것은 오로지 의무와 책임뿐이었다.

사명감에서 중심 역할을 떠맡는 건 좋지만, 칭찬을 바라고 중심 역할을 떠맡는 사람은 비극을 초래한다.

이런 중심적인 분위기를 원하는 것은 분명 우울증 환자뿐만 아니라 사랑을 모르는 사람들에게 공통적으로 나타날 것이다. 그들은 인생을 즐기는 방법을 모르는 사람들이다.

자기가 그 집단의 중심처럼 느끼는 분위기는 애정 결핍을 가진 사람에게는 더할 나위 없이 좋은 분위기일 것이다.

30

관계를 끊는 데서
새로운 삶이 시작된다

심리학자 데이비드 시버리는 "혈연관계에 얽매이지 말라."고
말했다. 혈연이든 지연이든 그 어떤 관계든 현재의 인간관계를
정리하고 끊어내는 데서부터 새로운 삶을 다시 구축할 수 있다.

남의 말을 믿는 것은 절대 나쁜 게 아니다. 그러나 문제는 많은 사람들이 약삭빠른 사람의 말도 성실한 사람의 말과 똑같이 받아들인다는 데 있다.

희생양이 되는 사람은 상대를 제대로 보지 못한다. 상대에게 인정받고 싶다는 생각만 머릿속에 가득하기 때문에, 상대가 어떤 사람인지 정확하게 판단할 수 없다. 다시 말해 순수하지만 자기 집착이 너무 강한 것이다.

성실하게 노력하며 사는데도 고통스러운 일만 생기는 사람은 현재의 인간관계를 정리해야 한다. 심리학자 데이비드 시버리는 '혈연관계에 얽매이지 말라'고 말했다. 혈연이든 지연이든 그 어떤 관계든 현재의 인간관계를 정리하고 끊어내는 데서부터 새로운 삶을 다시 구축할 수 있다.

제4장

자신감과 행복을
가져다주는 선물

31

나약한 사람은
약삭빠른 사람에게 이용당한다

자기 평가가 낮고 외로운 사람은 '돈으로는 감사도 존경도
얻을 수 없다'는 걸 모른다. 또한 '아무리 고개를 숙여도 감사도
존경도 받을 수 없다'는 걸 모른다. 그래서 감사나 존경을
바라고 무턱대고 고개를 숙이고 만다.

"나는 이런 피해까지 입었다."며 불평만 늘어놓는 사람이 있다. 그러나 혹시 그 말이 사실이라면, 그런 피해를 이겨내고도 지금 자신이 이렇게 존재한다는 데 긍지를 가져야 할 것이다. 그런 고난을 이겨내고 오늘의 내가 존재하는 것은 나의 힘이 그만큼 크다는 증거이기 때문이다.

과거의 일에 긍지를 갖지 못하고 여전히 피해당한 얘기만 계속하는 사람이 있다면, 그 사람은 어쩌면 실제로는 별로 피해를 입지 않았는지도 모른다.

주위 사람들에게 당한 억울하고 혹독한 처사를 떠올리더라도 '그것을 다 이겨낸 나'에 대해 긍지를 가져도 좋다. 어쨌든 죽지 않고 지금까지 살아 있지 않은가. 그것은 대단한 힘이다.

인생을 살다 보면 수많은 문제가 닥친다. 중요한 것은 그로부터 무엇을 배울 것이냐 하는 데 있다.

'그 사람에게 이런 심한 처사를 당했다'는 상황에서 자기가 무엇을 배웠는가 하는 점이 중요하다. 그리고 그런 심한 처사를 당한 자기 쪽에도 무슨 잘못이 없었는지 생각해봐야 한다.

모든 사람들이 주위 사람으로부터 혹독한 처사를 당하는 건 아니다. 자기가 혹독한 일을 당한 이유는 어쩌면 자기 쪽에도 문제가 있었을지 모른다는 반성이 필요하다. 그런 반성이 없다면 언제까지고 남에게 당하기만 할 뿐이다.

세상에는 분명 열심히 일하는데도 경제적으로 조금도 나아지지 않는 사람이 많다. 성실하게 일하는데도 왜 그런지 불행이 끊이지 않는 사람도 많다. 사치 부리지 않고 성실하게 일만 해서 돈을 모아두면 누군가가 착취해버리는 사람도 있다.

부지런히 일해서 매달 열심히 저축했지만, 그 돈이 쌓여갈 무렵이면, 예를 들어 친척 중 누군가가 "돈 좀 빌려달라." 고 부탁해서 어쩔 수 없이 빌려주고 만다.

그리고 그 돈은 돌아오지 않는다.

또다시 안 먹고 안 쓰며 안간힘을 다해 열심히 돈을 모은다. 그런데 이번에는 형이 사업에 실패하는 바람에 형의 부탁으로 그 돈을 날리고 만다. 빌려주고 싶진 않지만 거절하지 못한다.

평생 동안 죽어라 일했으나 재산이라 할 만한 재산도 없다. 게다가 남을 위해 최선을 다했는데도 누구 하나 고맙다는 말도 하지 않는다. 돈을 빌려준 친척을 만나도 "고맙다."는 말 한마디 없다. 형을 만나도 "지난번에는 폐를 끼쳐서 미안하다."는 말 한마디 안 한다.

그럴 때 "그렇게 해줬는데 어떻게 고맙다는 말 한마디 안 할 수가 있나?" 하며 친척이나 형을 미워해도 사태는 전혀 개선되지 않는다.

보나마나 앞으로도 똑같은 일이 계속 일어날 것이다. 사위가 자기 사업을 시작했다며 대출금 연대 보증을 해달라고 부탁한다. 절대 피해를 끼치지 않겠다는 말에 자세히 조사해보지도 않고 덜컥 도장을 찍는다.

그런데 그 결과는 어떤가. 대개는 자기가 살고 있는 집까지 빚쟁이 손에 넘어가고 만다.

평생 열심히 일하고, 나쁜 짓도 안 하고, 남을 위해 돈을 썼는데도 주위 사람들에게 우습게 보이는 사람은 많다.

부지런히 일해서 모은 돈을 남에게 몽땅 털렸는데, 그런데도 누구 한 사람에게 존경이나 감사를 받지 못하는 사람이 수없이 많다. 결혼한 친척의 자녀를 위해 매달 교육비를 보내며 생활하는 사람도 있다. 성실하고 정직하게 노력하는 사람이다. 자기는 마시고 싶은 술도 못 마시고 절약하면서 조카는 고등학교까지는 졸업시켜야 한다며 최선을 다해 송금한다.

그렇게 하루하루 남을 위해 노력하며 살았는데도 졸업한 조카는 감사의 말 한마디 하지 않는다. 만나도 "고맙다."는 말도 없다. 그 엄마도 "고맙다."는 인사가 없다. 인사는커녕 고등학교를 졸업한 후로 송금 끊은 걸 불만스럽게 여기는 분위기조차 느껴진다.

그렇게 피해를 입은 원인 어딘가에는 자신의 삶의 방식에도 문제가 있지 않았을까 반성하지 않는다면, 그는 또다시 그런 혹독한 일을 계속 당할 것이다.

경제적으로 이용당하는 사람, 심리적으로 학대받는 사람, 금방 속아 넘어가는 사람에게는 역시나 어딘가에 '나약함'이 감춰져 있다.

그 '나약함'이 바로 약삭빠른 사람들에게 이용당하는 요인이다. 그 사람은 기본적으로 외로운 사람일지도 모른다. 자기 평가가 낮은 사람일지도 모른다. 상대에게 좋은 평가를 듣고 싶어서 자기도 모르게 그만 터무니없는 요구에도 '웃는 낯'으로 대하게 되는지도 모른다.

'차가운 사람'이니 '이기적인 사람'이라 불리는 게 두렵다. 자기 평가가 낮기 때문에 남에게 '좋은 사람'으로 보이고 싶어 한다.

외롭기 때문에 자기가 우습게 보였다는 걸 알아채지 못한다. 자기 평가가 낮고 외롭기 때문에 좋은 관계를 유지하고 싶어 한다.

예를 들면 그렇게 오랜 세월 남에게 이용당한 사람이 '나는 애정 결핍증 때문에 고통받고 있다'는 걸 깨닫지 못하는 한, 다시 누군가에게 똑같이 이용당한다.

자기 평가가 낮고 외로운 사람은 '돈으로는 감사도 존경도 얻을 수 없다'는 걸 모른다. 그래서 감사나 존경을 받고 싶은 마음에 돈을 쓰고 만다. 또한 '아무리 고개를 숙여도 감사도 존경도 받을 수 없다'는 걸 모른다. 그래서 감사나 존경을 바라고 무턱대고 고개를 숙이고 만다.

그러니 제아무리 돈을 써도 모두에게 계속 우습게 보이는 것이다. 고개를 숙이고 또 숙여도 모두에게 가볍게 보이는 것이다.

나약한 사람은 약삭빠른 사람에게 결코 존경이나 감사의 대상은 될 수 없다.

32

상대를 원망하면
자신감은 생겨나지 않는다

원망하면 에너지가 소모될뿐더러 긍정적으로
살아갈 수도 없다. 상대를 원망하기 때문에
해결해냈다는 실감을 맛볼 수 없다.
해결한 결과가 자신감으로 이어지지 않는다.

상대를 원망하면 그때까지의 고뇌나 쏟아부은 돈이나 에너지는 소용없어진다. 이제까지 수많은 문제를 해결하며 살아왔다는 사실이 자신감으로 이어지기 때문이다.

생각해보면 앞에서 예로 들었던 사람들도 나름대로는 인생의 짐을 해결한 셈이다. '잘 해결했다'고 생각하면 자신 감으로 이어진다. 그렇지만 '내가 그렇게 해줬는데!'라며 남을 원망하면 인생의 짐을 해결해온 것이 자신감으로 이어지지 않는다.

원망하면 에너지가 소모될뿐더러 긍정적으로 살아갈 수도 없다. 자기 스스로를 대견하게 여기지 않고 상대를 원망하기 때문에 해결해냈다는 실감을 맛볼 수 없다. 해결한 결과가 자신감으로 이어지지 않는다.

'해결해낸 나는 대단하다.'고 생각하고, 에너지를 긍정적인 방향으로 돌려야 한다.

마틴 셀리그먼Martin Seligman에 따르면, 아이들은 자기 스스로 불만을 해결했을 때 자기 능력에 신뢰를 가지게 된다고 한다. '나도 할 수 있다'는 자신감이 솟구쳐 오른다.

'자기 능력으로 불만을 해결하는' 것이 엄청난 것을 의미하진 않는다. 일상적인 불만을 해결하는 데에서도 사람은 자신감을 얻을 수 있다. 다시 말해 우리는 자기 의사를 밝힐 수 없을 때 '불만'을 품게 된다.

곤란에 맞닥뜨렸을 때 남에게 해결을 의지하면, 아무리 시간이 흘러도 자기 스스로에게 자신감을 가질 수 없다. 부모들은 흔히 자식이 너무 귀여워서 아이들 대신 곤란한 문제들을 해결해주고 만다.

그러나 그것은 아이를 위해서도 좋지 않은 일이다. 그런 행동은 아이들 마음속에 무기력을 심는 결과를 초래한다고 셀리그먼은 말한다.

그와 같은 취지의 말을 하버드대학의 심리학과 교수인 엘렌 랭어Ellen Langer도 했다. 그는 자기 건강을 좀 더 적극적으로 나아지게 하는 방법은 없는지 질문을 던져보라고 권한다. 그렇게 하면 아무 생각도 해보지 않고 곧바로 전문가에게 상담하는 경험을 통해 빼앗긴 대처 능력을 되살릴 수 있다고 한다. 우선 자기 힘으로 생각하고 스스로 궁리한 후에 전문가와 상담하도록 해야 한다.

수동적인 자세를 취하면 아무리 시간이 흘러도 자신감은 가질 수 없다. '저것도 해주세요, 이것도 해주세요'라며 늘 자기를 둘러싼 환경에 불만만 가진다. 어리광을 받아주지 않는 주위 사람들에게 불만을 품는다. 많은 일들을 해줄 거라 기대했는데 기대에 미치지 못했을 때 불만은 계속 쌓여간다.

33

'시켜서 했다'가 아니라
'스스로 했다'고 받아들인다

수동적인 태도는 애정 결핍증을 드러내는 것이다.
따라서 수동적인 태도는 좀처럼 고쳐지지 않는다.
사랑받고 자란 사람은 수동적이지 않다.
사랑으로 상대를 돕는다, 감사를 기대하지 않고 상대를 돕는다,
그 결과 상대가 우리에게 감사하는 마음을 갖는 것이다.

자기가 먼저 적극적으로 손을 써서 문제를 해결한 사람은 인간관계에서도 자신감을 가질 수 있다.

그러나 수동적인 자세로 남이 해결하게 만든 사람은 당시의 문제는 해결될지 몰라도 또다시 다른 인간관계에서 문제를 일으킨다.

그런 상황이 반복되다 보면 점점 상황 대처 능력은 약해지고 계속 상대방에게 기대게 된다. 상대가 해결해주지 않으면 상대를 원망한다.

그렇기 때문에 아무리 시간이 흘러도 인간관계에 자신감을 갖지 못한다. 그들의 특징은 수동적이다. 그 수동적인 태도는 시간이 지나도 그 사람에게 자신감을 가져다주지 않는다.

수동적인 태도란 사랑을 베풀기보다는 '사랑을 원하는' 태도다. 모두에게 사랑받고 싶다는 소망에서 생겨나는 것이 수동적인 태도다.

수동적인 태도는 애정 결핍증을 드러내는 것이다. 따라서 수동적인 태도는 좀처럼 고쳐지지 않는다. 사랑받고 자란 사람은 수동적이지 않다.

다시 말하면 수동적인 태도와 자기 비하의 감각은 서로 떼어놓기 힘들 만큼 깊이 연관되어 있다.

이런 부류에 속한 사람들이 '나는 이런 문제들을 해결했다'고 자기 과거를 능동적으로 받아들인다면 그들은 그 과정을 통해 자신감을 얻을 수 있다. 그러나 그들이 계속 수동적으로 '남들이 시켜서 이런 일들을 했다'고 받아들이면 그만큼 문제 해결의 과정은 더 고통스럽고 자신감으로도 이어지지 않는다.

모든 일을 '시켜서 했다'고 받아들이느냐 '내가 알아서 했다'고 받아들이느냐의 차이다.

조카에게 매달 교육비를 보내서 고등학교를 졸업시킨 사람이 매달 교육비를 '보낼 수밖에 없었다'는 피해자 의식

을 가진다면 그 사람은 아이와 어머니를 원망하고 끝날 뿐이다.

그러나 그 조카를 고등학교까지 졸업시켰다고 능동적으로 받아들인다면, 그 짐을 짊어진 것으로 인해 자신감이 붙는다.

모든 일이 마찬가지다. 형의 실패한 사업 뒤치다꺼리를 '내가 해주었다'고 능동적으로 받아들이면, 설령 형이 고마워하지 않더라도 신이 자기에게 부여해준 자신의 힘을 감사하게 된다.

그리고 더 이상 그런 일은 반복하지 않을 것이다. 고맙다는 인사를 받기 위해 돈을 쓰는 것은 효과가 전혀 없다는 걸 뼈에 사무치도록 실감했기 때문이다.

사랑으로 상대를 돕는다, 감사를 기대하지 않고 상대를 돕는다, 그 결과 상대가 우리에게 감사하는 마음을 갖는 것이다.

그러나 존경과 감사를 기대하고 돈과 에너지와 시간을 쓴다면 얻는 것이 아무것도 없다. 그런 경우에는 대개 원망만 남는다. 마음이 원망으로 지배당하면 그로 인해 에너지까지 빼앗긴다.

그러나 능동적으로 해석하고 남의 문제를 해결해주면, 그 사람에게서는 깊이가 느껴진다. 긍정적이고 적극적인 에너지가 솟구쳐 오른다.

나이를 먹어도 무게가 없는 사람과 무게가 저절로 배어나는 사람의 차이는 과거에 인생의 무거운 짐을 얼마나 어떻게 짊어졌느냐에 달려 있다.

34

자신감 없는 사람은
자기를 크게 보이려 한다

자신감 없는 사람은 편하게 큰일을 하려고 든다.
하지만 작은 일도 제대로 못하는 사람이
어떻게 큰일을 감당하겠는가?

입으로만 "자신감을 얻고 싶다."고 떠들어봐야 자신감은 얻을 수 없다. 인생의 짐을 짊어지고 힘든 싸움을 겪어내야만 자신감을 얻을 수 있다.

사회적으로 성공했음에도 자신감이 없는 사람을 많이 봐왔다. 그것은 인생의 짐을 짊어지지 않고 요령 좋게 피해 다니며 '행운'으로 성공했기 때문일 것이다. 그런 성공은 인생을 살아가는 데 아무런 도움도 되지 못한다. 그런 성공은 마음의 안정을 가져다주지 못한다.

반면 인생의 짐에서 도망치지 않고 정정당당하게 맞서 문제를 하나하나 해결한 사람은 사회적으로 성공했든 성공하지 않았든 자신감이 있다. 그리하여 마음의 안정을 찾을 수 있다.

자신감 없는 사람은 자신감을 얻을 수 있는 행동은 하지 않고 돈과 명예와 권력을 추구하며 남에게 좋게, 크게 보이려고만 한다. 그것으로 남에게 존경받고 싶어 한다. 그것으로 상처 입은 마음을 치유하려 한다.

그렇기 때문에 또다시 똑같은 행동을 반복한다. 자기 능력을 넘어서는 일을 시작하는 것이다.

착실하게 자기 힘을 키워나가는 활동은 하지 않는다. 그들은 작은 것부터 하나하나 쌓아가는 것이 강한 힘이 된다는 걸 이해하지 못한다.

자신감 없는 사람은 편하게 큰일을 하려고 든다. 하지만 작은 일도 제대로 못하는 사람이 어떻게 큰일을 감당할 수 있겠는가?

35

문제에서
'진정한 것'이 보인다

문제를 맞닥뜨린 상황은 두렵고 싫지만, 사실은 문제를 만나야
진정한 모습이 보인다. 지금 당면한 모든 문제들은 미래에
발생할지도 모르는 훨씬 심각한 문제를 피하게 해준다.

지금까지 이야기해왔듯이, 자신감을 갖기 위해서는 인생의 짐이나 맞닥뜨린 문제를 적극적으로 받아들이고 해결하려 노력해야 한다. 그리고 그러한 사태가 벌어진 원인을 반성하는 시간을 가져야 한다.

무슨 문제가 생기면 '난 운이 나쁘다.'라고 생각하고 남을 원망하며 살아가는 사람이 많다. 그러나 그 문제가 생겨난 배경에는 자신의 어떤 행동이 원인이 되었는지 반성해야 한다.

《이솝우화》에 〈나그네와 곰〉이라는 이야기가 있다.

어느 날 두 사람이 산길을 걷고 있었다. 그런데 앞에서 난데없이 곰이 나타났다. 그러자 한 사람은 재빨리 나무 위로 올라가 피했고, 다른 한 사람은 땅바닥에 쓰러져 죽은 시늉을 했다. 곰은 죽은 사람에게 절대 손을 대지 않는다는 걸 알고 있었기 때문이다.

곰은 땅에 쓰러진 사람에게 코를 들이대고 냄새를 맡는 듯하다가 이내 떠나버렸다.

곰이 떠나자, 나무에서 내려온 사람이 물었다.

"곰이 자네 귀에 대고 무슨 말을 했지?"

그러자 죽은 척하던 사람이 대답했다.

"아, 글쎄, 곰이 말이야, 위험할 때 혼자 도망치는 친구랑은 같이 여행하지 말라더군."

이 이야기의 핵심은 문제가 발생해야 비로소 상대의 본모습이 보인다는 것이다.

문제를 맞닥뜨린 상황은 두렵고 싫지만, 사실은 문제를 만나야 진정한 모습이 보인다. 다시 말하면 문제에 직면했을 때 각자의 본성이 드러나는 셈이다. 평온할 때는 보이지 않던 상대의 모습도 보인다.

세상에는 수많은 문제가 있다.

예를 들어 당신 주변에 금전적인 문제가 있다고 치자. 그런데 그 문제가 발생했기 때문에 '저 녀석은 금전적으로는 신용할 수 없다'는 것을 깨닫게 된다. 그런 사실을 지금 깨닫지 못하고 10년 후에 깨닫는다면 당신은 어떻게 되겠는가?

아무런 문제 없이 10년이 지난 후 '그 사람'에게 돈을 빌려주고 상대는 그 책임을 회피한다면 당신은 훨씬 더 혹독한 일을 당하지 않겠는가? 지금 문제가 발생한 덕분에 '그 사람은 신용할 수 없다.'는 사실을 깨달은 것이다.

세상에는 금전적인 문제만 있는 게 아니다. '내가 그렇게까지 잘해줬는데 뒤에서 그런 짓을 하다니!' 하고 분개하는 일도 있다. 배신당하는 건 괴롭지만, 그나마 이번 소동으로 '그 사람'을 알게 되었으니 앞으로는 문제를 피할 수 있다.

지금 배신당하지 않으면 나중에는 훨씬 심각한 배신을 당하게 될지도 모른다. 다시 일어설 수 없을 만큼 혹독한 피해를 당하게 될지도 모른다.

지금 당면한 모든 문제들은 미래에 발생할지도 모르는 훨씬 심각한 문제를 피하게 해준다.

세상에는 믿었던 사람에게 배반당하고 고통받는 사람이

수없이 많다. 그렇지만 당신은 지금 겪은 작은 문제들 덕분에 큰 피해를 당하지 않고 끝낼 수 있는지도 모른다.

이런 상황은 친구 관계, 가족 관계에서도 비일비재하게 일어난다. 이쪽의 힘이 약하기 때문에, 믿는 도끼에 발등을 찍히는 것이다.

아직 당신에게는 힘이 있으니 다시 일어설 수 없을 만큼 치명적인 충격은 아니라는 말이다.

36

당면한 문제들은
'행복으로 가는 과정'에 있는 것

문제에 부딪쳤을 때 남을 원망하면, 앞으로는 더 큰 문제에 휘말리게 된다. 인간관계 문제로 고민할 때는 '나는 왜 이 사람과 관계를 맺었을까?' 하는 원점에서 반성해봐야 한다. 그 사람과 얽히기 시작한 맨 처음 동기를 반성하는 태도가 다음에 다가올 비극을 피하는 지름길이다.

앞에서 본 《이솝우화》가 전하는 가장 큰 교훈은 한때 힘들고 상황이 안 좋더라도 길게 보면 더 큰 비극을 피하게 해 주는 일이 될 수 있다는 것이다.

또한 반대로 한때는 좋을지라도 나중에 엄청난 청구서가 붙는 일일 수도 있다는 뜻이다.

지금 어렵고 힘든 문제의 한가운데 놓였다면 '아, 괴롭지만 이건 내가 행복으로 가는 과정이다.'라고 받아들여야 한다. 어떤 문제든 대부분 일어날 만한 원인이 있기 때문에 일어난다.

앞에서 본 《이솝우화》로 빗대어 보자면, 두 사람이 왜 친구가 되었느냐 하는 점이다.

혼자 나무 위로 올라간 사람은 나쁘다, 인정이 없다, 친구로 삼을 만한 가치가 없다고 판단하고, 곰에게 죽임을 당할 뻔한 사람은 배신당했다, 불쌍하다는 식으로 판단한다면 그 사람은 또다시 같은 문제에 휘말릴 것이다.

혼자 나무 위로 올라갔던 사람과 같은 문제를 일으키진 않겠지만, 다른 사람에게 또다시 배신당할지도 모른다. 그 이유는 문제가 일어난 원인이 자기 쪽에도 있다는 걸 깨닫지 못하기 때문이다. 곰에게 죽임을 당할 뻔한 상황에 자신의 책임도 있음을 알지 못하기 때문이다.

왜 친구를 버리고 혼자 나무 위로 올라가버릴 만한 사람과 친구가 되었을까 반성해봐야 한다. 문제는 바로 거기에 있다. 그 사람과 친구가 된 동기를 살펴보면 곰과 맞닥뜨린 문제의 원인이 있다.

그때는 자기도 뭔가 사정이 여의치 않았기 때문에 그 사람과 친구가 되었을 것이다. 어떤 이기적인 동기로 친구가 되었을지도 모른다. 그 사람과 여행하는 것이 손익계산에 들어맞았기 때문에 같이 여행했을지도 모른다. 외로워서 함께 여행해줄 사람이 나타나자 무턱대고 여행에 나섰을지도 모른다. 그 친구의 외모가 마음에 들었기 때문인지도 모른다. 이유는 많다.

어쨌든 그런 사람과 친구가 된 데는 그와 친구가 될 만한 무언가가 자기 안에도 자리 잡고 있었기 때문이다.

그것은 깨닫지 못하고 '저 녀석은 절대 용서할 수 없다.'며 그 사람만 원망한다면 또다시 똑같은 일을 당할 수밖에 없다.

혹시 그 사람과 함께 여행하는 것이 이득이라고 생각하고 함께 여행을 나섰다면, 문제에 맞닥뜨렸을 때 그런 자기 자신을 반성하는 기회로 삼아야 한다.

그 사람과 얽히기 시작한 맨 처음 동기를 반성하는 태도가 다음에 다가올 비극을 피하는 지름길이다.

이것은 가족 관계에서도 마찬가지다. 가족 관계는 피해를 당하더라도 가족이기에 다른 방법이 없다는 평계를 댄다면 또다시 같은 문제를 만나고, 같은 결과를 맞는다.

물론 가족 관계는 친구나 회사 동료와 달라 완전히 피해갈 수는 없다. 그러나 내용적으로 깊이 얽히는 관계는 적극적으로 피할 수 있다.

문제에 부딪쳤을 때 남을 원망하면, 앞으로는 더 큰 문제에 휘말리게 된다.

인간관계 문제로 고민할 때는 '나는 왜 이 사람과 관계를 맺었을까?' 하는 원점에서 반성해봐야 한다.

그렇게 하면 앞으로는 행복해질 수 있다.

"그 사람을 용서할 수 없지만, 나는 그 문제를 통해 귀중한 것을 배웠다."

이것이 바로 긍정적인 태도다.

37

불평불만은 자기 입으로
직접 말한다

'불쾌하다', '싫다'는 생각이 들었을 때, 자기가 말할 수 있는
상대라면 직접 말해야 한다. 불만이 있을 때는 절대 남의 힘을
빌려서 자기 화풀이를 해선 안 된다. 그렇게 하면 결과적으로
가장 무서운 일이 벌어진다.

또 하나, 《이솝우화》 중에 〈멧돼지와 말과 사냥꾼〉이라
는 이야기가 있다.

어느 날, 멧돼지와 말이 나란히 풀을 뜯어먹고 있었다.
그런데 멧돼지는 늘 풀밭을 엉망으로 헤쳐놓고 소중한 물을
더럽히기도 했다.

그 모습을 본 말은 '저 멧돼지는 너무 더러워.'라고 생각
한다. 그리고 언젠가는 앙갚음을 해주겠다고 마음먹는다.

그러던 어느 날 사냥꾼이 나타났다. 말은 자기가 직접
앙갚음을 하지 않고 사냥꾼에게 대신 부탁한다.

그러자 사냥꾼은 말에게 안장을 얹고 자기를 태워줘야
도와줄 수 있다고 말한다. 말은 그 요청을 받아들인다. 그렇
게 해서 사냥꾼은 말을 타고 멧돼지에게 앙갚음을 하지만,

그 후에 사냥꾼은 말을 자기 집으로 끌고 가서 마구간에 묶어버린다.

다시 말해 말은 사냥꾼에게 붙잡혀서 결국 마구간에 묶이는 신세가 되었다는 얘기다.

멧돼지 타입의 사람은 상대와 관계를 맺는 일이나 타인의 감정을 헤아리는 일에 매우 둔하다. 상대의 감정 변화를 알아차리지 못한다. 그렇기 때문에 옳든 그르든 그는 자기 길을 걸어간다.

이런 타입은 '좋은 사람이다', '나쁜 사람이다' 구분할 수가 없다. 그저 자기 좋을 대로 하는 것뿐이다. 주위 상황은 전혀 생각하지 않는다.

반면 말 타입은 어른스러워 보이지만, 늘 자기 본심을 감추고 살아간다. 자기 자신이 상처 입는 것을 두려워하는 사람이다.

다음으로 사냥꾼 타입은 말과 멧돼지의 관계를 순식간에 꿰뚫어본다. 그리고 그 사이에서 단물만 빨아먹는다. 다시 말해 약삭빠른 사람이다. 그러나 겉으로는 단물만 빨아먹고 이득을 본 것처럼 보이지만, 누구와도 마음을 터놓을 수 없는 타입이다.

　우리는 일상생활에서 말의 처지에 놓이는 일을 자주 겪는다. 이때 중요한 점은 '불쾌하다', '싫다'는 생각이 들었을 때, 자기가 말할 수 있는 상대라면 직접 말을 해야 한다는 것이다.

　그런데 그런 말을 할 수 없다고 판단될 때는 어떻게 해야 할까? '그 사람을 무시한다.', '그 자리에서 떠난다.' 등 여러 가지 방법이 있겠지만, 절대 해서는 안 되는 일이 그 순간 남의 힘을 빌리는 것이다.

　위에서 본 말의 경우도 남의 손을 빌린 데에 피해의 원인이 있다. 멧돼지에게 직접 말했으면 어떻게 됐을까? 그건 알 수 없다.

　불만이 있을 때는 절대 남의 힘을 빌려서 자기 화풀이를 해선 안 된다. 그렇게 하면 결과적으로 가장 무서운 일이 벌어진다.

38

문제의 원인은
우리 마음속에 있다

문제의 원인이 내 안에 있음을 깨닫고, 내 마음속을 직시해야만
미래의 비극을 피할 수 있다. 당신이 약삭빠른 사람들에게
둘러싸여 억울한 일을 당하고 있다면, 당신이 전혀 관계되지
않았다고 단언할 수는 없다.

회사 내의 파벌 싸움 등으로 인해 지금까지 같은 편이었던 사람이 자신에게 방해가 되는 일이 생긴다. 그런 상황이 벌어지면 같은 동료로서 그 사람을 배제시키긴 힘들다. 그럴 때 상대 파벌의 도움을 빌리기도 한다.

지금까지 적이었던 사람의 힘을 이용해서 방해가 된 동료를 배제시키려 한다. 그러나 그것은 일시적으로는 성공하지만 1년 후, 2년 후가 되면 더 큰 곤란을 초래한다.

잠시 이용한 사람은 애당초 오래 사귄 사람이 아니다. 상대 파벌에 속해 있는 사람이다. 그 순간에는 가치가 있지만, 상황이 껄끄러워진 동료를 배제시키고 나면 필요 없는 사람이다.

또한 애초에 마음이 맞는 사람도 아니었다. 인간적으로

친밀감을 느끼는 사람도 아니다. 같이 있어서 마음이 편한 사람도 아니다. 그렇기 때문에 그 일이 끝나면 또다시 적과 아군으로 대치할 경향이 있는 사람이다.

그리고 원래대로 다시 적이 되었을 때는 그 사람과 원망을 품은 동료가 하나 되어 이쪽 파벌을 무너뜨리기 위해 돌진해오기 시작한다.

동료 사이에서 다툼이 일어났을 때는 동료 안에서 해결해야 한다. 외부의 힘을 빌리면 나중에는 훨씬 나쁜 결과를 초래한다.

앞에서 본 두 가지 《이솝우화》를 살펴보면, 문제의 원인을 잘 알 수 있을 것이다.

문제의 원인이 내 안에 있음을 깨닫고, 내 마음속을 직시해야만 미래의 비극을 피할 수 있다.

죽음을 앞에 두고 지옥을 경험하는 사람은 평생 동안 문제의 원인을 자기 안에서 찾지 않고 살아온 사람이다. 그렇기 때문에 죽음을 눈앞에 두고서야 커다란 문제에 봉착해 인생 최대의 비극을 맞는 것이다.

죽음을 눈앞에 두고 일기장에 '보인다, 보인다, 보이지 않던 것이 보인다.'라고 쓴 사람도 있다.

그러나 자기 주위에 있는 사람이 '보이기 시작했을' 때는 이미 너무 늦다. 그 일기를 쓴 사람은 나이가 들어서 몸을 움직일 수도 없었다. 그래서 약삭빠른 사람들에게 둘러싸여 원한에 몸부림치며 죽어갔다.

그렇게 죽어가는 사람은 비극적일 게 분명하지만, 그 비극은 자연재해처럼 피할 수 없는 것은 아니었다. 바로 그 자신이 그런 약삭빠른 사람들을 자기 주위로 불러들였기 때문이다.

게다가 인생을 살아가면서 자신의 행동에 대한 반성이 없었다. 조금만 일찍 사람을 알아볼 수 있었으면 얼마나 좋았을까? 하지만 그는 그때그때 자기 상황에 맞는 사람만 사귀면서 지옥으로 가는 길로 돌진해버린 셈이다.

당신이 약삭빠른 사람들에게 둘러싸여 억울한 일을 당하고 있다면, 당신이 전혀 관계되지 않았다고 단언할 수는 없다.

39

이 숙명이야말로
나를 단련시켰다

"나는 내게 주어진 운명을 짊어지고 오늘날까지 살아왔다.
온갖 고생을 하면서도 지지 않았다. 자살하지 않고 살아남았다.
이 숙명이야말로 나를 단련시켰다."라고 자기가 짊어진
환경을 능동적으로 해석해야 비로소 열심히 애써온 노력이
자신감으로 이어진다.

자기 스스로 인생의 무거운 짐을 짊어지고 해결하기 위해 적극적인 행동을 해야만 자신감을 얻을 수 있다.

예를 들면 아들이 사업에 실패해 빚더미에 앉고 말았다. 그 아버지는 '난 아들 때문에 이 고생을 한다.'고 원망하는 마음을 갖는다. 그러나 원망하는 말만 늘어놓을 뿐, 빚을 갚기 위한 적극적인 행동은 하지 않는다.

그것을 해결하기 위한 적극적인 행동이야말로 인생에 대한 자신감을 가져다주는데, 그런 행동은 취하지 않고 그저 아들에 대한 원망만 늘어놓는다.

이 아버지는 인생의 무거운 짐에 괴로워할 뿐 자신감은 얻을 수 없다. 나아가 원망하는 마음으로 인해 심신이 모두 피폐해진다.

자기가 태어난 열악한 환경에 피해의식을 가지고 수동적으로만 행동한다면 노력이 자신감으로 연결되지 않는다.

'나는 왜 이렇게 혹독한 운명을 가지고 태어났을까?'라며 피해자 의식으로 자기 운명을 해석하려 한다. 그러나 그런 마음가짐으로는 고난과 역경을 통해 좋은 열매를 맺을 수 없다.

'나는 내게 주어진 운명을 짊어지고 오늘날까지 살아왔다. 온갖 고생을 하면서도 지지 않았다. 자살하지 않고 살아남았다. 이 숙명이야말로 나를 단련시켰다.'라고 자기가 짊어진 환경을 능동적으로 해석해야 비로소 열심히 애써온 노력이 자신감으로 이어진다.

40

도망치지 않는 태도가
자신감으로 가는 왕도다

병이 날 때까지 가슴속 깊이 원망을 지니고 살 것인가,
아니면 인생의 짐이야말로 자신감을 가져다주는
왕도라 여기고 긍지를 가지고 살 것인가?

어떤 사람은 출세와 권력을 외치거나 자기 힘을 과시하면서 자신감을 가지려고 필사적이다.

출세나 권력을 외치는 이유는 스스로 자신감이 없기 때문이다. 자기를 과시하는 말이나 행동은 자기 능력에 자신감이 없기 때문이다. 그러나 아무리 그래 본들 자신감은 가질 수 없다.

자신에게 주어진 인생의 짐을 스스로의 기개로 짊어지면, 출세나 권력을 부르짖지 않아도 스스로 자신감이 생겨난다. 자기 힘을 과시하지 않아도 자신감은 저절로 따라오게 마련이다.

많은 사람들이 문제를 해결하는 어려운 과정은 성취하지 않은 채 자신감만 원한다. "난 자신감이 있다, 난 자신감이 있다."라고 아무리 떠들어도 자신감을 가질 수 없다.

혹은 어렵게 인생의 짐을 짊어졌으면서도 '어쩔 수 없이 짊어졌다.'는 피해자 의식으로 받아들여버린다면 아무리 시간이 지나도 자신감을 가질 수 없다.

"엉덩이가 무겁고 듬직하다."라고 일컬어지는 사람이 있다. 그는 도망치지 않고 인생의 짐을 해결해온 사람이다.

그리고 그것을 '어쩔 수 없이 짊어졌다.'는 피해자 의식으로 수동적으로 받아들이지 않는다. 그렇기 때문에 원망하지 않는다. 그래서 늘 에너지가 넘친다. 에너지가 넘치는 사람은 단물만 빨아들이려 하지 않는다.

이것은 자식을 키우는 일에서도 마찬가지다. 수동적인 사람은 양육의 부담을 떠안는다. 자식을 키우는 데는 교육비가 든다. 수동적인 사람은 그것을 무거운 짐으로 받아들인다. "아무리 열심히 일해도 교육비로 다 나가버린다."라고 한탄한다.

물론 자식 키우는 일은 무거운 짐이 틀림없다. 그러나 능동적인 자세를 가진 사람은 '나는 자식에게 이 정도 교육을 시킬 힘이 있다.'라고 생각한다. 짐은 짐이지만, 그것을 고역이라 한탄하지 않는다. 오히려 한탄에서 자기 긍지로 전환시킨다.

수동적인 태도, 책임 전가, 원망, 탈진, 불행 등은 똑같은 마음의 다른 표현 방식일 뿐이다.

반대로 능동적 태도, 자립, 긍지, 에너지, 행복도 똑같은 마음의 다른 표현 방식이다.

병이 날 때까지 가슴속 깊이 원망을 지니고 살 것인가, 아니면 인생의 짐이야말로 자신감을 가져다주는 왕도라 여기고 긍지를 가지고 살 것인가?

맺음말

　나는 최근 몇 년 동안 세계 최대의 도서관인 하버드대학교의 와이드너 도서관에 틀어박혀 행복에 관해 쓴 옛 책들을 모조리 찾아 읽었다. 물론 꼼꼼하게 읽지는 않았다. 훑어보면서 내용을 파악했다.

　어느 책을 읽어봐도 돈이 행복이나 자신감, 긍지를 가져다준다고 쓰여 있지 않았다. 어느 책을 읽어봐도 성공이 행복이나 자신감, 긍지를 가져다준다고 쓰여 있지 않았다. 어느 책을 읽어봐도 권력이 행복이나 자신감, 긍지를 가져다준다고 쓰여 있지 않았다.

　그렇다면 도대체 무엇이 인간에게 행복과 자신감을 가져다줄까? 그것을 구체적으로 쓴 책은 거의 없다. 물론 어느 책에나 사랑과 신神에 대한 믿음, 정의를 추구하며 창의적으로 살아가는 태도, 삶에 대한 열정과 애정을 갖고 살아가다 보면 행복은 부산물로 따라온다는 등의 이야기가 쓰여있다. 그러나 구체적이진 않다.

그런 책을 읽으면서 나는 너무나 당연한 사실만을 이야기한다고 생각했다. 요컨대 돈이나 권력이나 명성은 모두 결과인 셈이다. 결과는 자신감이나 행복, 긍지와는 직접적인 관련이 없다.

그렇다면 왜 모든 책에서 구태여 "돈은 자신감이나 행복, 그리고 긍지와는 관계없다."라고 부정해야만 했을까?

바로 돈은 누구나 원하는 것이기 때문일 것이다. 다시 말해 사람은 누구나 돈을 원한다. 그것을 얻는 것은 사람들에게 기쁨이다.

또한 사람들은 권력이나 명성을 얻기를 바란다. 그리고 그것을 얻으면 기뻐한다. 권력이나 명성을 얻기 위해 때로는 수단과 방법을 가리지 않는다.

그런데 이러한 기쁨이나 즐거움은 우리가 긍정적으로 바라는 자신감이나 행복, 긍지와는 직접 관계가 없다는 것이다. 권력이나 명성, 돈 등은 기쁨을 주지만, 자신감이나 행복, 긍지와는 직접 관계가 없다는 뜻이다.

극단적으로 말하자면 마약은 즐거움을 가져다주지만 자신감이나 행복, 긍지를 가져다주지는 못한다. 원인이 되는 호르몬이 다르다.

'결과'는 기쁨을 가져다줄 수는 있지만, 자신감이나 행복, 긍지를 가져다줄 수는 없다. 자신감이나 행복, 긍지를 가져다주는 것은 바로 '과정'이다.

요컨대 자신감과 긍지가 없는 사람이라도 기쁨이나 즐거움은 느낄 수 있다. 그리고 자신감과 긍지가 있는 사람이라도 고통이나 슬픔을 가질 수 있다. 이것들이 완전히 독립된 것이라고 인식하지 못하기 때문에, 마치 성공을 원하는 것이 불행으로 이어지는 길처럼 써놓은 '행복론' 책이 출판되는 것이다.

또한 "자신감이나 행복, 긍지를 원한다면 돈을 추구해선 안 된다."는 말을 쓴 책까지 나온다. 그렇기 때문에 그러한 행복론은 현실 세계에서 활기차고 성실하게 살아가는 사람에게는 달갑지 않게 받아들여진다. 그런 책은 '나와는 상관없다.'고 여겨 설득력을 갖지도 못한다.

이런 사실을 깨달은 후 재미있는 조사 결과를 발견했다. 그것은 행복감에 관해 조사한 내용을 정리해놓은 책으로, 25세에서 49세까지 393명과 긴 인터뷰를 한 내용이 실려 있다.

어떤 일을 성취해서 기뻤다거나 누군가에게 자기가 한 일을 칭찬받아 긍지를 느꼈다거나 흥미 있는 일에 흥분했던 감정들을 긍정적인 감정이라 부르고, 왠지 모르게 불안해서 오래 앉아 있을 수 없다거나 외롭고 우울해하는 감정을 부정적인 감정이라 이름 붙였다.

그렇게 해서 놀랄 만한 사실을 알아냈다. 두 가지 감정 그룹이 서로 독립되어 있다는 것이다.

부정적인 감정을 만들어내는 경험이 반드시 긍정적인

감정 그 자체를 없애는 건 아니라고 한다. 나아가 긍정적인 감정을 만들어내는 경험이 반드시 부정적인 감정에 영향을 미치는 것도 아니라고 한다. 다시 말해 '매우 우울하지만 매우 행복할 수도 있다.'는 말이다.

요컨대 두 가지 감정 그룹이 독립되어 있기 때문에 부정적인 감정이 긍정적인 감정에 상쇄되어 행복하다고 느끼더라도 부정적인 감정 자체가 사라진 것은 아니다.

내가 하고 싶은 말은 인간의 감정은 독립해서 움직일 수 있지 않을까 하는 것이다.

자신감이나 행복은 어디까지나 과정에서 생겨나는 것이라고 나는 믿는다. 결과와는 상관없다. 극단적인 예를 들자면, 사기꾼은 사람을 속여서 돈을 뜯어내는 그 순간은 '잘 풀렸다'고 기뻐할 것이다. 그리고 그 돈으로 미인과 함께 맛있는 음식을 먹으면 즐거울 것이다. 그러나 그 사기꾼의 성취감이나 기쁨은 '진정'한 기쁨이 아니라고 행복론 책에서는 말할 것이다. 혹은 그렇게 얻은 것은 '거짓' 기쁨이라고 말할 것이다.

사기꾼은 과정에서 생겨나는 자신감이나 행복을 희생하여 기쁨을 얻은 것이다.

행복론 책에는 '진정한'이니 '거짓된'이니 하는 표현이 자주 나온다. 진정한 기쁨이나 진정한 즐거움이라는 표현도 자주 쓰인다. 이 '진정한'이라는 말을 쓸 때에는 '결과와 과정' 양쪽에서 동시에 얻은 것을 의미할 때다. 기쁨임에도 진정한 기쁨은 아니라고 하기 때문에 이른바 행복론으로는 설득력이 없는 것이다.

그런데 인생의 짐으로부터 도망친 사람은 기본적으로는 사기꾼과 같은 셈이다. 자신감이나 행복을 희생으로 삼아 기쁨이나 즐거움을 추구하기 때문이다.

짐을 교묘하게 던져버리고 도망친 사람은 '잘 풀렸다'

고 남몰래 미소를 머금을 게 틀림없다. 기쁘지 않다면 거짓말이다. 편하게 지낼 수 있으니 기쁠 것이다. 그러나 긍지나 행복, 자신감은 없다.

예를 들어 유령 작가가 대필한 책이 베스트셀러가 되었다고 치자. 돈과 명성은 들어온다. 기쁨도 즐거움도 있다. 그러나 자신감이나 행복, 긍지는 없다.

이 책에서 인간은 기본적으로 인생의 짐을 짊어짐으로써 삶의 보람을 얻을 수 있다고 이야기했다. 자신감은 힘들고 어려운 일을 통해서만 얻을 수 있다고 썼다. 그런데 그런 것들은 모두 과정에서만 얻을 수 있다.

대충대충 살아가는 삶의 자세로는 자신감이나 긍지를 얻을 수 없다. 그러나 그러한 삶에서도 때로는 기쁨을 얻을 수 있을지도 모른다. 그럴 가능성은 있다. 물론 얻지 못할 가능성이 더 크지만.

내가 아무리 '인생의 짐을 짊어져라.'라고 써도 많은 사람들은 '그건 싫은데….'라고 속으로 생각할 게 뻔하다.

인생의 짐을 짊어져야만 자신감이 생겨난다고 해도 '그렇다 하더라도, 난 피하고 싶다.'라고 생각하는 사람도 많을 것이다.

내가 하는 말을 납득하기 어려울지도 모른다. 그것은 인생의 짐에는 기쁨과 즐거움의 이미지가 없기 때문이다. 반대로 고통의 이미지가 있다.

이 책을 읽은 당신 또한 내가 하는 말을 머리로는 이해하지만 감정적으로는 납득하지 못할지도 모른다. 다시 말해 책을 다 읽은 지금도 가능하면 무거운 짐은 피하고 싶다고 생각할지도 모른다.

많은 사람들이 바라는 바는 기쁨과 즐거움 속에서 자신감과 긍지와 행복도 함께 얻고 싶다는 것이다. 그런 마음은 충분히 이해한다. 그렇지만 현실에서는 어렵다.

인생의 짐으로부터 도망쳐서 살아간다면 자신감과 행복

과 긍지는 찾아오지 않는다. 그러나 인생의 짐에서 도망치지 않고 과정을 착실히 밟아가는 삶을 택하면, 자신감과 행복과 긍지는 저절로 손에 들어온다. 그 과정에서 기쁨이나 즐거움을 얻을 수도 있고 얻지 못할 수도 있다. 솔직히 말해 그리 만만치 않은 인생일 수도 있다.

그러나 결과만을 추구하는 삶을 살았을 때 그 결과가 손에 들어오지 않으면 기쁨도 즐거움도 자신감도 행복도 긍지도 없다. 그것은 실패한 사기꾼이 되는 셈이다.

어떤 일을 짐으로 여기느냐 그렇지 않느냐는 사람에 따라 다르다. 나이 든 부모 공양을 짐으로 여기는 사람이 있는가 하면, 그렇지 않은 사람도 있다. 또한 자식 키우는 일을 짐으로 여긴다면 그 아이의 인생이 가여워진다. 부모와 자식을 진정으로 사랑하는 사람은 그런 일들을 짐으로 여기지 않는다.

등산을 좋아하는 사람에게 산에 오르는 일은 삶의 낙이

지만, 좋아하지 않는 사람에게는 고역이다.

우리 인생의 짐들은 그와 마찬가지다. 나의 짐과 남의 짐은 다르다. 또한 그것들을 짐으로 여기느냐, 그렇지 않느냐는 그 의미를 발견하는 능력에 따라 결정된다.

그러므로 살아가는 과정 자체에 의미를 갖는 사람은 강하다. 웬만한 일은 짐으로 여기지 않는다.

그러나 우울증 환자처럼 무엇이든 무의미하게 느끼는 사람은 무슨 일이든 무거운 짐으로 느끼고 만다. 텔렌바흐 Tellenbach의 《멜랑콜리MELANCHOLIE》에 클라우스의 생각이 인용되었는데, "멜랑콜리 유형인 사람의 현 존재가 무거운 짐을 짊어지고 있다."라는 문장이 나온다. 그들에게는 산다는 것 자체가 고통인 셈이다.

조울증 환자는 '존재의 모든 행위에서 그 의미를 감지해내는 기능이 피폐해져 있기' 때문이다.

살아가는 과정에서 의미를 찾아내는 능력을 잃으면 무

엇을 해도 짐이 되어버린다. 인생 자체가 무거운 짐이다. 살아가는 것 자체가 짐이다. 옆에서 보기에 제아무리 행복해 보여도 그 사람은 삶이 괴롭다.

이와는 반대로 무슨 일을 해도 기쁨을 찾아내는 사람이 있다. 그런 사람은 행복해지기 위해 태어난 사람처럼 보인다. 옆에서 보기에 버거워 보이는 인생이라도 그는 '이것이 바로 삶의 기쁨, 이것이야말로 진정한 삶'이라고 생각하고 있을지도 모른다.

이처럼 사람에 따라 인생의 짐을 받아들이는 방식이 다르다. 그러므로 주위 사람들에게 흔들리지 말고 자기 자신에 맞게 인생의 짐을 해석해야 한다.

건강해지는 호르몬 분비가 활발한 사람이 있는가 하면 침울해지는 호르몬 분비가 활발한 사람도 있다. 스트레스를 빨리 느끼는 호르몬 분비가 활발한 사람도 있다. 그러므로 남과 비교하지 말고 자기가 납득한 방식으로 인생의 짐을 받아들이면 된다.

남의 평가는 신경 쓰지 마라! 남의 시선이 아니라 오로지 자기 자신에게 집중해라!

그리고 한 가지 더, 지금 고민에 빠져 있는 사람이 자신감을 얻기 위해서는 자신의 과거 체험을 어떻게 해석하느냐가 무엇보다 중요하다. 과거의 경험을 잘못 해석하면 전혀 다른 길로 갈 수 있다.

고민하는 당신은 틀림없이 훌륭한 일들을 해왔을 것이다. 굉장한 일을 해온 것이다. 자신감을 가지고 좋은 일을 많이 해온 것이다. 그런데도 자기 과거를 피해자 의식으로 해석해버린다. 그로 인해 마음은 미움이나 원망으로 가득 차서 불행해진다.

그때 주위 사람에게 "나는 이런 일을 당했다."라고 말하는 대신에, "나는 그만한 일도 견뎌냈다."라고 말하면 원망이 아니라 자신감이 솟아난다.

이 책을 읽는 당신은 꽤 성실하게 노력하는 사람일 것이다. 그러므로 당신의 경험을 잘못 해석하지만 않는다면 틀림없이 스스로에게 자신감을 가질 수 있을 것이다.

하지만 당신이 자신의 경험을 '손해 봤다'는 식으로 해석하고 살아가는 한, 시간이 아무리 지나도 자기가 들인 노력은 자신감으로 돌아오지 않는다.

이 책을 읽는 당신은 분명 노력하며 살아왔을 것이다. 그러나 피해자 의식을 갖는다면 그 노력은 열매를 맺지 못할 것이다.

똑같은 경험이 미움의 원인이 될 수 있지만, 자신감의 원천도 될 수 있다. 행복과 불행은 마음먹기에 달려 있다는 말은 바로 이런 뜻에서 비롯된 것이다.

이 책을 읽은 당신이 자신의 과거 경험을 '난 여기까지 견디며 살아왔다. 그렇게 필사적으로 노력해왔다. 스스로

생각하기에도 굉장하다.'는 식으로 해석하고, 자신감을 가
지길 희망한다.

자신감이 생기면 당신의 인생 역시 수월하게 풀리기 시
작할 것이다.

기꺼이
오늘을 살다

초   판 1쇄 인쇄 2010년 11월 4일
개정판 1쇄 인쇄 2020년 12월 22일
개정판 1쇄 발행 2020년 12월 28일

지은이 | 가토 다이조
옮긴이 | 이영미
펴낸이 | 한순 이희섭
펴낸곳 | (주)도서출판 나무생각
편집 | 양미애 백모란
디자인 | 박민선
마케팅 | 이재석
출판등록 | 1999년 8월 19일 제1999-000112호
주소 | 서울특별시 마포구 월드컵로 70-4(서교동) 1F
전화 | 02)334-3339, 3308, 3361
팩스 | 02)334-3318
이메일 | tree3339@hanmail.net
홈페이지 | www.namubook.co.kr
블로그 | blog.naver.com/tree3339

ISBN 979-11-6218-132-4 03180